Inner Sailing

外洋ヨットによる長距離航海の技術

ま　え　が　き

　ベニヤ板で自作した21ft艇〈信天翁二世号（あほうどり）〉で世界一周の一人旅から帰ったのは、もう47年前だ。今から思えば、若気の至りとしか言いようのない、無謀な試みであったかもしれない。エンジンの代わりにオールを積み、航海灯は石油ランプだ。GPSはまだ存在していなかったので、六分儀による天文航法を使う。そんな原始的な航海であったが、無事に帰還できたのは幸運であったのと、多くの人たちの助けがあったからだ。

　徳弘　忠さんと大藤浩一さんは、私のヨットの先輩である。二人は当時、すでにディンギーやクルーザーを自作して、瀬戸内海を乗り回していた。この先輩二人の協力がなければ、世界一周航海の達成はできなかったであろう。その潮気たっぷりの教えは、今も私を導いてくれている。

　最近では世界一周や、日本一周の長距離航海を行っているヨットも、ずいぶん多くなってきているようで、実にうれしいことだ。これらのヨットはベニヤ板ではなく、ほとんどが頑丈なFRP製である。GPS、無線、レーダーなどの電子機器を備えている艇も多い。しかしその一方で、座礁、落水、マスト折損などの事故も増えている。
　もとよりヨットは、自由を謳歌する乗り物である。従ってその乗り方には、自己流を含めて多種多

様な乗り方があってよい。しかしいったん事故を起こせば、他者に何らかのお世話になることだろう。

「マストは折れることがあるんだ、そんなとき、お前ならどうするつもりだい」
「……」
「マストが折れたら救助してもらおうなんて、甘えた考えで世界一周に行くんではないだろうな」
　51年前に、大藤浩一さんが言った。
　悩んだ末に、〈信天翁二世号〉は、21ft艇ながらケッチリグに変更した。メインマストが倒れても一本は残るようにと、ミズンマストは独立したリギンとした。

「おい青木、途中でヨットの金具がつぶれたら、自分で直さないといけなくなるよ」
　木工は得意だったが、鉄板やステンレス板に穴をあけたことはない。
「ポンチを打つ、ドリルの刃先を研ぐ、焼き付かせないように潤滑油を注ぐ、回転は上げない、これだけは守るんだ。さあ、やってみろ」
　ヨットの上でウインドベーンを修理できたのも、徳弘　忠さんの教えがあったからだ。
　未開の島々で壊れた箇所を修理し、航海を続けることができたのは、技の大切さを教えてく

れた二人のおかげである。いったん海に出れば、当てにできるのは自分が持つ知識と技だけとなる。

ヨットは現代の舟であるが、その動力とするところは原始的な風と水の力である。風はセールを流れて舟の推力となり、水の流れは舵で操られて舟の進行方向が定まる。そこでヨットの操縦を学ぶ者は、まずセールを操るロープの使い方と、舵の操作に習熟することが求められる。また水の流れは、潮流と海流とになって舟を運ぶので、航海術が必要となる。太古の動力を使うことは、このような原始的な技術を身に付け、受け継ぐことにほかならない。

ヨットが走る海の姿も、古来変わりはない。海は今も管理された舞台ではなく、日和もあれば嵐にも遭遇する。そのワイルドな海を舞台とするのがヨットである。そこでは波しぶきを浴び、雨に濡れ、疲労と恐怖に耐える場面にも遭遇する。体力を奪われ、恐怖に襲われる中で発揮するための技、真剣勝負とも言える確かな技術を身に付けていくことが、ヨットをライフスタイルとして選ぶおもしろさであり、醍醐味といってよいだろう。

外洋航海の技術を習得するための努力と忍耐、そして真剣勝負で培われる勇気は、人生に計り知れない価値をもたらす。目的地が近くの島や日本一周であっても、挑戦する価値は難関といわれるホーン岬と何ら変わらない。

自分自身のホーン岬を目指して、自己の技術を高めようとする努力が、ヨットをライフスタイルとする美しさである。不確実な中で決断し、結果は自分で責任を取る。真摯で毅然とした生き方は、1度限りの人生を輝かせる。ヨットを学び自らを高め、人生を豊かにしよう。
「技詳しからざれば、肝大ならず」(宮本武蔵)

本書は月刊『Kazi (舵)』誌に2017年8月号から2020年1月号に連載された、「長距離航海の技術」に加筆修正したものである。既刊の『インナーセーリング』に続いて、さらに上級となるBBC以上(アメリカセーリング協会上級レベル)を志すヨット乗りに役立ててほしいと願っている。

本書を執筆するにあたり、ASAインストラクターである別所康晴氏、および久保田秀明氏にご協力をいただいたことに感謝を申し上げたい。またイラストを担当いただいた平野 游氏には、長年にわたって、本文の理解を深める努力を共にしていただいた。編集を担当いただいた舵社編集部の中島 淳氏とともに、お礼を申し上げる。

青木ヨットスクール
青木 洋
2021年2月 大西風が吹き荒れる大阪湾にて

CONTENTS

ヨット乗りの二大恥

ヨット乗りの二大恥とは何か？ 私の先輩である大藤浩一さんと徳弘忠司さんから二つの恥を学んだ。

「一つ目の恥は、海の上で、ここはどこですか？ と聞くことだ」

「ナビゲーションができないことは、ヨット乗りにとって大きな恥さ」

なるほど、そうだ。

「二つ目は、海の上で、これを頼むのは恥だと覚えておけ」

「引っ張ってもらえませんか？ だ」

セールがあるのにセーリングができないのか、ヨットに乗っているのに、と思われるからだ。

もちろん、いかんともしがたい場面もあるだろう。私も恥をかいたことがある。しかし恥を知ると知らないとでは、大きく違ってくる。

恥を知れば自分の責任と受け止めることができる。ヨット乗りであるのだから、セーリングできる条件ならば、自力で航海したい。そうすれば上達も可能となる。

エンジンとGPSに頼る航海は、クルージング技術を身につける機会を遠ざけてしまうだろう。GPSに頼っていると、キャリブレーションの不具合で座礁することもある。電源にトラブルがあれば迷子になってしまう。島影があっても灯台があっても、その利用方法が分からないからだ。機走に頼る航海では、エンジンが故障すればお手上げとなる。エンジンが動かなくなれば、自ら修理するしかない。そして修理不可能となれば、他船の曳航に頼るしかない。

セーリングの基本を習得する

セーリングは他のスポーツと同様に、基本を確実に習得することで上達を加速させることができる。常に基本を確認することはビギナーにとどまらず、長距離航海を目指すすべての者にとって必須の姿勢である。独学で基本を身につける方法もあるが、これはよほど並外れたセンスの持ち主でない限り、遠回りとなる場合が多い。

基本を習得または確認するには、合理的にプログラムされたヨットスクールを受講することが近道である。技術は知識と手順とで成り立っている。正確な知識を学び、手順を繰り返し実習する機会が、講習の中に組み込まれているスクールがよい。

ヨットスクール以外には、ベテランに教えてもらう道もある。海外レースの出場経験者や日本一周のクルージングの経験者には、ベテランといえるヨットマンも多い。

だがベテランといえども、当然ながらレベルには差がある。かつて同乗した、あるオリンピック経験者は、しばしば風位を見失うことがあった。クルーとしての経験が多く、自らティラーを操作して、風位の微妙な変化に艇のヘディング（進行方向）を追随させる経験が少なければ、そのようなことも起こり得るだろう。

ビギナーがベテランのヨット乗りを見分けるには、二つの方法がある。レースのベテランには、「どのポジションだったのですか？」と聞いてみることもできる。スキッパーで出場した人ならば、セールトリムはもちろん、ヘルムスも自らのものとしたベテランであるに違いない。

また、日本一周などを行ったベテランの中には、機帆走によるクルージングが大半

①海上で自分の現在位置が分からなくなること

ここはどこですか？

②他船に曳航を頼むこと

引っ張ってもらえませんか？

ビギナーはフネが大きくヒールすると恐怖を感じる。これを克服するためには、シングルハンドでの100時間セーリングが有効だ

を占めたという人もいる。その場合、風の変化やセールトリムに無頓着な時間が長かったかもしれない。そこでクルージングのベテランには、次のように聞いてみるとよい。「エンジンを止めて走っていたのは、航海の何割くらいですか?」と。

答えが8割以上なら、セーリングに相当な実力があるベテランとみてよいだろう。風や潮流の変化も見通すことができ、主動力であるセールのトリムにも細かく注意を払っているだろうと判断ができる。港の出入りや無風のときには、エンジンを使用する。しかし、全航程の2割以上にもわたってエンジンを止めなかったとしたら、セーリングにあまり思い入れがないことの表れだと考えていいだろう。

ビギナーが入門する道は、①ヨットスクールの門をたたき、基本を確実に学ぶ。②ヨットのベテランから教わり経験を重ねる。という二つの選択肢がある。もし、早く確実に上達したいなら、①を選んだほうがよい。なぜなら、信頼できるプログラムにしたがって運営されているヨットスクールのインストラクターは、ヨットのベテランであるだけではなく、教えるプロでもあるからだ。

基本を学んだら、次は自分でセーリングを行うことだ。

まず100時間の
シングルハンド練習に
取り組む

フネに慣れるまでは、大きくヒール（艇が傾斜）すると怖く感じられる。ましてや荒れ

た海象であれば、ビギナーが強い恐怖を感じるのは当然のことである。荒天やトラブルに対処する技術が未熟なうちは、セーリングへの自信は育ちにくい。しかし、未熟なことは恥ではない。技術は、基本を踏まえて練習すれば、誰でも身につけることができる。誰もがはじめはビギナーだったはずである。皆、同じ恐怖を味わったに違いない。

セーリングの基本と安全確保の技術を学んだのちは、シングルハンド練習に取り組む。怖さは倍増するかもしれないが、一人で行うほうがよい。複数で乗ると、微妙な風や波の変化を感じ取るよりも、同乗する相手との関係維持にエネルギーを取られてしまうからだ。

そして、なるべく長い時間を海上で過ごし、一日の風と波の変化を観察する。外の広い安全な水面に出たなら

ば、風がなくてもエンジンをかけるべきではない。凪でもセールを揚げたままにしておいて、かすかな微風が吹き始める瞬間を捉える。その瞬間、セールがわずかにシバーし始めるのを、耳と目で感じ取れるだろう。エンジンの騒音と振動がなければ、セール自体が多くの情報をもたらす、非常に敏感なセンサーとして機能する。そしてメインシートを引き込んでいけば、セールが風をはらんでいく。

セールの両面に風が流れると同時に、ヨットは走り始めている。走り始めたならば、進行方向を一定に保つようにする。そのためには、バウ（船首）方向の延長線上に目標を設定して、その目標へ向かってまっすぐに走らせる。目標とするには、山頂や島影、建物や航路標識などから、はっきりとした目印を選ぶことだ。次に選んだ目標にヘディングを維持しながら、ジブとメインセールのシートを出し入れして、セールトリムの練習を行う。タッキングとジャイビングはすでに基本操作として習得しているので、目標を行き来しながら、風の強弱と風位に合致するようにセールトリムを洗練する。

この練習を、一人でまず100時間続けてみよう。すると、①目標を決めて一定のコースを保って走る技術と、②風位に合わせてセールを適正にトリムする技術が身につくはずだ。この二つの基本をおろそかにしなければ、次の段階では急速に上達することが期待できる。

無風時にもセールを揚げておき、セールがわずかな風をつかむ感覚を身につけよう

素直な性格の
小型艇を選ぶ

100時間練習に使用するヨットは、25ft以下の俊敏な艇を選ぶことが大切だ。大きく重いフネは、風に対する反応が鈍く、練習の効果が10分の1となる。また、じゃじゃ馬のように過敏なヨットでは、乗ってい

るだけで精いっぱいとなり、やはりシングルハンドの練習には向かない。適度な大きさと重さの、素直な性格の艇を使うことが望ましい。

嵐との遭遇は、誰も望まない。しかし嵐は向こうからやってくる。他からの援助をあてにできない海の上で、孤独な戦いを強いられる。そのときには、付け焼き刃ではない

確固としたセーリング技術こそが頼りになる。シングルハンドの100時間練習は、サバイバルセーリングに必要な、揺るぎない基本を固めるための第一歩となる。

サバイバルセーリングの技術

サバイバルセーリングとは、困難な状況下でエンジンに頼ろうとせず、自然界の力を最大限に利用しようとする、セーリングの技術と考え方の集大成である。セールが生み出すパワーは、エンジンの5倍にもなるといわれている。風を頼りにして、風の力をセールによってフネの推進力に変換し、海上での危機と戦うスキルである。

海上での危機は、嵐の中だけではない。微風でセーリングしているときであっても、危機的な状況は起こり得る。目の前に突然現れた岩場、セールの陰から出現する漁船、すぐ前方に浮き上がってきた潜水者など、あらゆる危機に我々は備えなければならない。

そのような場合、とっさに舵を切るだけではセールが失速する危険性がある。セールが失速（ストール＝表面の風の流れが乱れ、揚力を失った状態）すればフネはスピードを失い、キールもラダーも失速する。舵利きが失われた艇はコントロール不能になり、悪くすると衝突や座礁の憂き目に遭う。この悪循環に陥らないためには、常に舵を切ると同時にシートをトリムする動作を習慣化することだ。セールを失速させない操作が反射的に行えるようになるまで、トレーニングする必要がある。艇のスピードを維持することは、艇の動きを制御する重要な要素となるからだ。

セーリングで対処する

では次に、なぜエンジンではサバイバルの危機と戦えないのだろうか。

その理由の一つは、機走時のヨットの風圧抵抗の中心が、ピボットポイント（艇の回転中心）よりも前方にあるからだ。パワーボートはその反対なので、強風の中でも容易にバウを風上へ向けることができる。しかしヨットは、マストがキールよりも前方にあるため、エンジンに頼ってバウを風上へ

ヨットにいくら大きなエンジンを積んだところで、漁船などエンジンでの航行を前提としたフネとは、排水量／馬力比で大きな違いがある。嵐と戦う力を生み出すのはセールである

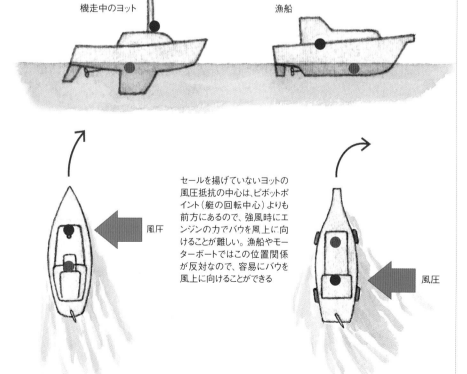

●CE（風圧抵抗の中心）
●ピボットポイント（艇の回転中心）

機走中のヨット　　　漁船

セールを揚げていないヨットの風圧抵抗の中心は、ピボットポイント（艇の回転中心）よりも前方にあるので、強風時にエンジンの力でバウを風上に向けることが難しい。漁船やモーターボートではこの位置関係が反対なので、容易にバウを風上に向けることができる

風圧

風圧

技術を身につければ、荒天や夜間にもセーリングで対処することができる

立てるのは難しい。マストは、強風の中で
は大きな風圧を受ける。強風になるほど、
波が高くなるほどバウを風上へ向けるのは
容易ではなくなる（左ページ下の図）。

　波浪の中でタッキングに失敗することが
ある。マリーナのバースから離れるときに、
思うにまかせない状態になることもある。
これらは同じ理由からだ。

　第二の理由は、ヨットに搭載されている
エンジンでは、嵐と戦う力はないからだ。
それなら大きなエンジンを積めばよい、という
考え方もある。しかし、30ftのクルージング
艇で、排水量が5トン（5,000kg）を超える
ヨットもある。排水量5トンのフネに、通常
の2.5倍となる50馬力のエンジンを搭載
しても、排水量／馬力比は100にしかなら
ない。一般的な漁船の排水量／馬力比
は15から25程度なので、エンジンで同等
の運動性能を得ようとすると、さらに4倍
以上のパワーを要する。

　クルージングヨットのエンジンは大きいほ
どよいと考えてしまえば、エンジン本体に加
えて燃料タンクなどの重量が増加して、鈍
重艇となる悪循環に陥る。その結果、ヨッ

セーリングの基本を学ぶには、大きくて重い大型艇よりも、俊敏な小型艇のほうが好ましい

トとしての帆走性能は大きく阻害される。
鈍重な艇は、波浪の中で大きくピッチング
してスピードが失われるので、舵利きも失
いやすい。

　鈍重艇となる悪循環を選択するよりも、
セーリング技術に磨きをかけ、エンジンで走
るヨットと同等以上のスピードでセーリング
するほうが、スポーツとしては何倍も爽快な

のではないだろうか。パワーボートではなく、
せっかくヨットに乗るのだから、セーリング技
術を磨かなければもったいない。ヨットのエ
ンジンは、あくまでも補機と考えておこう。

　セーリングは、誰もが身につけ、そして洗練
することが可能な技術だ。技を磨き、微風で
も悠々とセーリングを楽しみ、嵐に遭遇して
も賢明に対処できるようになろうではないか。

セーリングで
スピードを維持する

　サバイバルセーリングの技術を習得するのに、100時間ものシングルハンド練習をするのは、遠回りに感じられるかもしれない。しかし、セーリングの基本を徹底して身につけることが危険な状況を乗り越える王道である。サバイバルに近道はない。

　前項で述べたように、パワーボートや漁船の多くは、風圧抵抗の中心がピボットポイント（艇の回転中心）よりも後方にあるのでバウを風上へ向けやすい。風向計が風上を向くのと同じ原理だ。ヨットのエンジンに比べて馬力が大きいことよりも、フネの側面形状が違うことに理由がある。

　ヨットはすべて、ベアポール（セールを揚げない状態）での風圧抵抗の中心がピボットポイントよりも前方にある。そのため、機走で風上に回頭することは、風が強くなるほど困難になる。したがってヨットのエンジンでは、最大回転数に上げても嵐の中で風上へバウを向けるのは不可能に近い。

　強風が吹き荒れるときは、波も高い場合が多い。セーリングにおいても、タッキング中にバウが波頭にたたかれれば艇速が落ち、反対側のタックへ回りきることが難しくなる。ヨットの回転力は、艇速が半減すれば1/4となってしまうからだ。リーショア（風下に岸がある）等の危険を脱し強風の中で艇を安全にコントロールするために、セーリングによってスピードを維持する技術がいかに大切か、おわかりいただけるだろう。100時間練習の目標の一つが、セーリングで最大限のスピードを得ることにあるのはそのためだ。

100時間
シングルハンド練習

　100時間シングルハンド練習では、①艇を前方の目標に向かって直進させること、②小まめなセールトリムで最大スピードを維持すること、という2点が目的である。

　その練習の中で、ヨットを終始同じ目標に向けているのにもかかわらず、目標への方位が変化していることに気づくことがある。方位の変化は、セーリング中の時間の経過に伴って、前方の目標と手前の目標との重なりが、左右にずれていくことでわかるだろう。そのときコンパスを見れば、当初のステアリングコースとは、ずれていることが確認できる。

　そして練習時間が100時間に近づくと、そのずれは、リーウェイ（風圧による横流れ）やドリフト（潮流による横流れ）によるものであることが、実感として把握できるだろう。リーウェイの角度は風力と風向によって異なり、ドリフトの大小はセーリング時の潮流によって変化することも、合点がいき始めるに違いない。

　艇を直進させる練習をする際には、コンパスを凝視してステアリングしてはならない。コンパスカードの変化を読み取ってからティラーを左右へ操作すれば、どうしてもフネの反応が遅れ、蛇行が大きくなる。そればかりか、周囲の安全確認がおろそかになり大変に危険である。コンパスを見ながら操船するクセをつけると、上達はおぼつかない。

　ステアリングコースを仮に180°とするならば、まず艇のヘディングをコンパスで180°に合わせ、バウの前方にある目標を定める。その目標を目当てにして直進するようにステアリングし、ときおり目標の方位を確認するためにコンパスを見る。

　また目的②については、セールトリムのわずかな違いによってセールに裏風が入り、シバーすることもわかるだろう。ジャストトリムのときは、セールに流れる風が効率よく揚力を生み、スピードが一段と上がることが、ティラーを持つ手に水流の動きとして伝わってくる。

　100時間セーリング練習は、シングルハンド（1人乗り）で行うことが望ましい。その理由は前項で述べたように、同乗する相手との人間関係を維持することよりも、風位とセールトリム、そしてティラーの反応をつかむことに、エネルギーを注ぐ必要があるからだ。同じ理由により100時間練習中は、スピードメーターや風向計、そしてGPSに頼ることも控えたい。ヨットのスキッパーとして、嵐と戦わねばならないときを想像してみよう。そのとき最も頼りとなるのは、自分の目と耳、そしてシートとティラーを持つ手の感触である。もちろん計器を参考にしてもよいが、一つ一つの計器を見るよりも、

艇内のコンパスなどを見ずに、バウの先の遠くにある陸上の目標物（島の端部や煙突、建物など）を見つけて、そこに向かってステアリングすることに慣れる

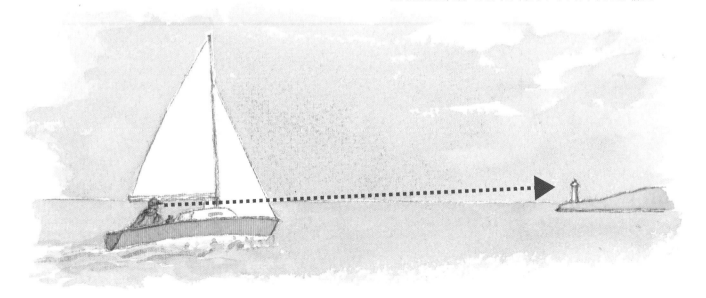

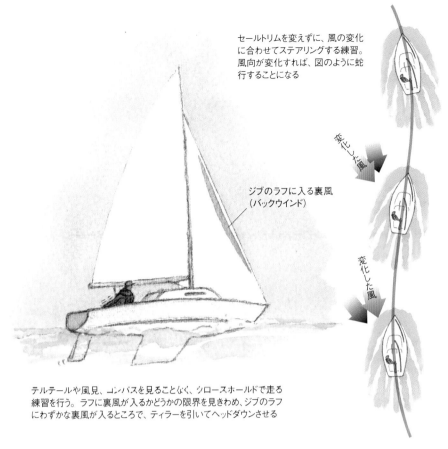

セールトリムを変えずに、風の変化に合わせてステアリングする練習。風向が変化すれば、図のように蛇行することになる

ジブのラフに入る裏風（バックウインド）

変化した風

変化した風

テルテールや風見、コンパスを見ることなく、クロースホールドで走る練習を行う。ラフに裏風が入るかどうかの限界を見きわめ、ジブのラフにわずかな裏風が入るところで、ティラーを引いてヘッドダウンさせる

すばやく状況の全体像をつかみ、的確に判断を下す力が必要とされる。また嵐の中では、計器が壊れたり正しく作動しないことも少なくない。そのような場面でも、確信と自信をもってセーリングする技術を得るための第一歩となるのが、この100時間練習である。

シングルハンドセーリング練習は、ハーバー近くの海面で同じ目標を使い、1～2M（マイル）の距離を行ったり来たりする練習である。目的の①と②の80％を達成できたならば、次の500時間セーリング練習を開始しよう。

500時間セーリング練習

①風位に合わせたステアリング

500時間までの練習を行うには、25ftくらいまでの小型艇を使おう。セールトリムに、直ちに反応する俊敏な艇が必要だ。鈍重な艇は風に対する反応が遅い。またロングキール艇も同様に、反応が遅く舵利きも鈍い。したがって、セールトリムによって最大スピードを得る練習にはあまり向いていない。ディンギーを500時間までの練習に使うのは、適切な選択肢の一つだ。ただし、ディンギーの場合は過敏すぎる艇種が多

いので、レース専用艇は避けたほうがよい。過敏なディンギーでは、沈（転覆）を防ぐだけで精いっぱいとなり、練習目標に集中するエネルギーがそがれてしまうだろう。

500時間練習の目的は、①風位に合わせたステアリングと、②横向きステアリングの2点を習得することである。

嵐の中でサバイバルセーリングを行うときには、コンパスを見ていられない状況が続く。他の作業を行いながらステアリングをするので、ヘルムスマンといえども前方ばかりを見てはいられない。そんなときに操舵を誤らないために、①と②の練習が役に立つ。

これまでの100時間練習で、目標にヘディングを合わせて直進し、風位の変化に合わせてセールをトリムするセーリングは、ある程度身についているはずである。ここからは、セールトリムを一定にして、ヘディングを風位に合わせる練習を行う。

そのために、風上の目標を選んで、クロースホールドでセーリングできるコースを設定する。目標へ到達するまでは10分ごとにタッキングを繰り返す。10分の間はジブのラフを注視し、ラフに裏風が入るかどうかの限界を見きわめながらセーリングする。そのヨットの、上り角度の限界に達すればジブのラフがわずかにはためくので、裏風が消えるところまでヘッドダウンさせる。

このように、常に限界まで切り上がる状態を保ってセーリングするのが、クロースホールドの練習である。はじめのうちは、テルテールやマストヘッドの風見を見ることも必要かもしれない。しかし、いつまでもそれらに頼ってはいられない。嵐の中や夜間には、テルテールも風見も役に立たないからだ。練習が進むにつれて、テルテールや風見よりもジブのラフをチェックすることのほうが、厳しい状況下では有効であることが、次第に実感できるだろう。

クロースホールドのセーリングでは、ジブのラフの状態とティラーから感じられるスピード、そして艇のヒールとが連動している。この連動する艇の動きを体得することが、何よりも肝心である。

クロースホールドで目標へ到達した帰りは、フリーのセーリングとなる。このときもセールトリムは一定にして、ステアリングによってセーリングを続ける。セールを常に風位と合致させてスピードを保つことが目的である。

帆船上で「ステア・バイ・ザ・ウインド」と指示が下れば、ヘルムスマンはセットされたセールに合わせて、風位を保つようにステアリングする。コンパスや前方の目標ではなく風位を目当てとするのだ。

この①の技術を習得することの利点は、次の通りである。

・テルテールや風向計が使えない状況でも、効率のいいセーリングができる。
・陸標がない外洋でも、直進することができる。
・夜間や濃霧、嵐の中のセーリングなど、視界が制限される海象でも直進が可能となる。
・落水事故が発生した際には、風位を頼りにして落水者の位置に戻る救助法を実行することができる。

②横向きステアリング

500時間練習の目的②は、横向きステアリングの習得である。100時間シングルハンド練習では、前を向いて前方の目標を目当てに直進する練習を重ねた。次は横方向や後方を見てヘルムを取り、風位を保ってセーリングする練習を行う。

「前を見ないでセーリングできるの?」
「そんなことをして、何か役に立つのか?」

11

こうした疑問が浮かぶかもしれないが、ヘルムスマンがどちらを向いていてもコースを保つようにステアリングできれば、以下のようなことが可能になり、その効用は大きい。

・長時間のステアリングでも、首が痛くなりにくい。

・夜間なら、周囲に見える灯台や星影などを目標とすることができる。

・外洋で陸標がないときでも、雲や太陽を目標とすることができる。

ヨットスクールの上級コースでは、横向きや後ろ向きのステアリングが実習課題と

なっている場合がある。はじめは戸惑う受講生も、面白さも手伝って2日目には相当なレベルまで上達している。自習で上達するためには、次の手順を追って練習するといいだろう。

① 中風域を選んで、アビームの風位でセーリングする。

② バウの陸標を見つけて、直進するための目標を定める。

③ ステアリングコンパスで、コンパスコースを読み取る。

④ 風下側の横方向にある、なるべく遠方の陸標を見つける。適当な陸標が見当たらないときは、太陽や雲などを選定するとよい。

⑤ その陸標とデッキ上の装備とが一直線となる見通し線を決める。デッキ上の装備としては、スタンションやメインシート、ブームエンドなどが使いやすい。

⑥ 陸標とデッキ上の装備との見通し線のずれを見ながら、ステアリングを調整する。

⑦ 陸標がずれるたびに、バウの目標に向けてヘディングを修正する。

⑧ 横向きステアリングに集中して、30分間はステアリングを継続。

⑨ 約30分の練習を、1日のうちに5回実施する。

⑩ ステアリングコンパスをときどき確認し、左右への蛇行が±10度以内になるまで練習する。

⑪ ±10度以内で横向きステアリングができるようになれば、同様の手順を重ねて、後方を見ながらセーリングする後ろ向きステアリングも習得する。

500時間セーリング練習を実施することで、嵐と戦う準備が整ってくることが理解いただけるだろうか。サバイバルセーリングは、付け焼き刃では通用しない修羅場である。しかしセーリング技術は、知識と手順とで成り立っているので、正しい知識を手順にのっとって練習すれば、誰もが身に付け、洗練することができるはずである。

凪の海も嵐の海も、どちらにも尽きせぬ魅力がある。ヨット乗りとしての鍛錬を通じて、困難な状況にも破綻しないシーマンシップを備えていきたいものである。

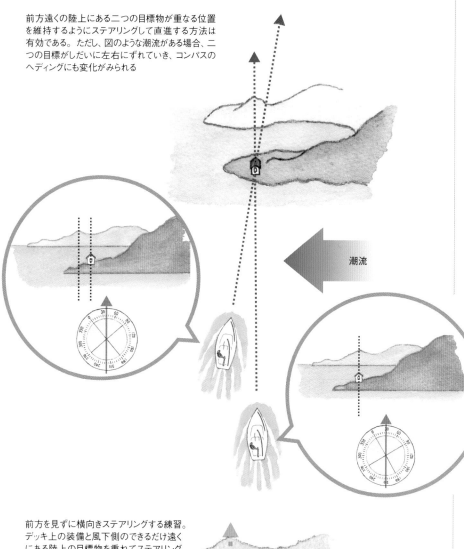

前方遠くの陸上にある二つの目標物が重なる位置を維持するようにステアリングして直進する方法は有効である。ただし、図のような潮流がある場合、二つの目標がしだいに左右にずれていき、コンパスのヘディングにも変化がみられる

潮流

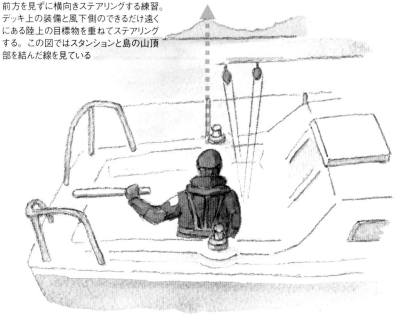

前方を見ずに横向きステアリングする練習。デッキ上の装備と風下側のできるだけ遠くにある陸上の目標物を重ねてステアリングする。この図ではスタンションと島の山頂部を結んだ線を見ている

サバイバルセーリングの練習

サバイバルセーリングの練習を続けていくと、自分のセーリング技術を向上させる手順が明確になり、急速な上達を実感するはずである。

100時間シングルハンド練習の目的は、艇を前方の目標に向かって直進させること、小まめなセールトリムで最大スピードを維持することという2点であった。風向と風速に合わせたセールトリム、目標へ直進することでわかる自艇のリーウェイとドリフト、これらを把握することはセーリング技術の基本であるが、サバイバル状況と戦うための基本技術ともなる。100時間練習を終えると、一皮むけたヨット乗りとなっている。漫然とセールを揚げて、機帆走が大半というスタイルでは、10年たっても得ることができない技術を獲得しているだろう。

100時間の次は、500時間セーリング練習に取り組む。500時間練習では、風位に合わせたステアリングと、前方を見ない横向きステアリングの2点を習得することが目標であった。この練習をすることで、風向がステアリングの目当てとなることが理解できるだろう。するともう、コンパスとにらめっこしながらステアリングする必要がなくなる。夜間でも荒天下でも、ステアリングの負担は大幅に軽くなる。

太平洋上でディスマストして、大型船に救助されたヨットがある。嵐の中でワイルドジャイブを繰り返し、チェーンプレートが折損したため、マストが倒れたようだ。ワイルドジャイブが、リグに過大な荷重を与えることはよく知られている。ワイルドジャイブを防ぐためにも、風位を目当てとするステアリング法に習熟しておく必要がある。太平洋横断に出る場合にも、基本技術の確認と反復練習は欠かせない。

横向きステアリングの最大の効果は、ヘルムスマンの疲労軽減である。いかに練達のスキッパーであっても、疲労が重なればビギナーとさして変わらなくなる。疲労と切迫した状況は、判断を誤らせ、操船のミスを生む。したがって疲労軽減の技術は、サバイバルセーリングの重要な要素となる。

ステアリングの疲労軽減のためなら、オートパイロットを使えばよいのではと考えるかもしれない。オートパイロットは、内蔵された電子コンパスをセンサーとして使い、艇を一定のコースへ走らせる機能を持っている。便利であるし、私もお世話になっている。オートパイロットは風が弱く、波が小さなときは役に立つ。しかし風力5以上の強風下では、ウェザーヘルムに耐えられなくなり、コントロールを失ってしまう。また波高が3m以上となれば、艇が繰り返すピッチングとヨーイングに追従するタイミングが遅れ、艇のコースは大きく蛇行する。

第6章で取り上げる〈ミーモ〉号の落水事故は、強風中にオートパイロットで航行しているときに起こった。落水は、艇がブローチングして大きくヒールしたことに起因している。サバイバルセーリングでは、オートパイロットによる艇のコントロールは期待できず、それに頼ることは危険であると考えておかねばならない。

以上見てきたように、風位に合わせたステアリング法と、横向きステアリング法は、サバイバルセーリングに必須の技術である。40年、50年のヨット経験が、海でのサバイバル能力を保証するわけではない。ここで解説してきた自己練習の方法と手順は、誰もが短期間のうちに、合理的にセーリング技術の根幹を習得するためのものである。

1,000時間セーリング練習では、目をつぶったままで艇のヘディングと艇に受けている風位とを判断してステアリングする「ブラインドセーリング」の技術の習得を目指す。もちろん、練習は安全な海域で行う

13

1,000時間
セーリング練習

まだ先があるのかと、驚かないでほしい。ヨットは生涯楽しめるスポーツであるから、目標と理想を高く設定して、海に出るたびに上達を目指したい。

これまでの500時間練習によって、すでにあなたは長距離航海も可能なセーリング技術を身につけているだろう。サバイバルセーリングがどのような状態か、それと戦うための技も想像がつく腕前となっているに違いない。

次の1,000時間練習では、ブラインドセーリングを目指そう。ブラインドセーリングとは、目をつぶっていても、キャビンの中にいても、艇のヘディング（進行方向）と艇に受けている風位とが、適切かどうかがわかる技術のことである。そんなことができるのか、という心配は無用だ。500時間練習が進めば糸口が見えてくる。

ブラインドセーリングを習得するには、まず自分でステアリングするときに、目をつぶって2〜3分セーリングしてみる。その後、目を開けてヘディングを修正し、また目をつぶってステアリングを続ける。目をつ

自分以外の者がステアリングしていて、キャビン内にいるときにも、ブラインドセーリングの練習を行う。音、振動、ヒール角度、揺れなどの変化から、ヘディングや風位を察知する

ぶっている間は、セールのはためきとティラーに伝わる水の流れの変化に集中する。すると音、振動、ヒール角度、揺れなどの変化から、ヘディングと風位を察知することが可能になってくる。ヘッドアップするべきか、それともヘッドダウンすべきか。セールとティラーから、その手がかりを読み取る練習を行う。もちろん、安全な水域で実施することを忘れてはならない。

2〜3分間のブラインドセーリングが可能となったなら、次は5分間、そして10分間に挑戦する。微風でも強風でも、あらゆ

る風や波の中で練習に励もう。そして自分以外の誰かがステアリングしているときも、目をつぶってみるとよい。キャビンの中にいても、ブラインドセーリングを練習しよう。目標は30分間だ。

1,000時間練習は、遠い道のりに思えるかもしれない。しかし長時間海の上で過ごすことにより身につくのは、セーリングの技術だけではない。海風と陸風が入れ替わるタイミング、前線の接近と通過後に変化する風向と風力の推移、季節による気圧配置の特徴などのマリンウェザーが、いつの間にか理解できているはずである。低気圧の接近を怖がるだけでなく、接近に伴う風の変化を利用するコースの選択法も、理解できるに違いない。

「来らざるを恃むなかれ、待つあるを恃むべし」

横山 晃先生は孫子の言葉を好んだ。その意味は、サバイバルセーリングとなったときには、当てにならない機器を頼りにするのではなく、自分の技術を磨くことで備えとせよと解釈することができる。

自然の力で
旅することを楽しむ

これまで述べてきたようなセーリング技術を練習せずに、日本一周や太平洋横断

photo by Shigehiko Yamagishi (Kazi)

ブラインドセーリングの技術は、夜間航海の際にも大いに役に立つ

陸から遠く離れた海の上でディスマストなどのトラブルに遭ったとき、他者に助けを求めるか（上）、自分で問題を解決して航海を続けるか（下）によって、スキッパーの技量と旅の目的が問われる

海上では自力で問題を解決する

人生の中で、長距離航海に出かけるチャンスは多くない。ヨットは昔も今も、自由な乗り物だ。日常の制約から離れて自然と対話し、自然の力で旅することを楽しめる。驚くべき耐航性と航続距離を持ち、嵐にも耐え、世界一周も可能な乗り物である。せっかく訪れた長距離航海のチャンス。エンジンや外部の援助に頼って実現しようとするのか、それとも自分自身の力に頼ろうとするのかによって、航海の結末は大きく異なる。その違いを、3件の実例で見てみよう。

自作した36フィートの〈白雲〉で、榊原伊三さんをはじめとする4人が、世界一周を達成したのは1971年である。太平洋とインド洋とで2度もマストを折る災難にあった。しかしジュリーリグで走り続け、入港後にマストを再び作り、航海を最後まで達成した。

1976年、25フィート艇〈鷗盟〉で太平洋周航の航海に出た池川富雄さんは、太平洋横断半ばでディスマストしてしまった。しかし残ったスピンポールで、ジュリーリグを自作して航海を続け、約4カ月かけてサンフランシスコに到着。そのうち2カ月半はジュリーリグでの航行であった。

1981年から24フィート艇〈青海〉で南極航海を敢行し、8年がかりで世界一周を達成した片岡佳哉さんは、大西洋でディスマストしたが、300M（マイル）をジュリーリグで走り、アルゼンチンのブエノスアイレスでマストを製作した。

これらの航海の例に共通する点は、海の上では自力で問題を解決するという考え方である。そのために努力し、技を磨く。航海中のナビゲーションも同様である。GPSプロッターがあっても海図を併用し、海図を見て自艇の位置を評価することで隠れた危険を回避する。技を磨くことで自信が深まり、自分の力で航海を完結する達成感を得ることができるのである。

ヨットの師匠、大藤浩一さんと徳弘忠司さんが言っていたのを思い出す。50年も前の話だ。「おい、世界一周へ行くなら、マストが折れたくらいで救助を求めるのは、恥と思っておけ」、「艤装品は壊れるものだ。自分で修理する道具を持っていくのがヨット乗りだぞ」と。

といった長距離航海を、エンジンに頼って達成することも可能かもしれない。強風なら出航せずに港へとどまり、微風ならばエンジンをかけて機走で次の港まで走る。このようなデイセーリングを繰り返していけば、熟達したセーリング技術がなくとも、ヨットによる日本一周はできるだろう。

太平洋横断といえども、同様に考えて出航する人もいるようだ。30フィート艇に1トン近くの燃料を搭載し、燃料の続く限り機帆走して目的地へ到着する。排水量の30%近くの燃料は、艇のセーリング性能を大幅に低下させるが、性能の低下は機走力で補うという考え方だ。

とにかく目的地に到達するという結果を第一に考える航海では、自分の技術を磨くような時間のかかることは、遠回りに思えるのだろう。そんな時間を費やすことは無駄で

はないか。それよりも近代的な機器とエンジンに頼り、予定通りに目的地へ到着したい。このような目的達成型の航海を、否定することはできない。回航などの仕事で行う航海では、私も同様の方法を使うことがある。

しかし、仕事ではないヨットの長距離航海が、エンジンで海上を走り抜き、目的地へ到着するだけでは、せっかくの旅がもったいない。ヨットの旅は、日常にある旅と達成感の質が違うはずだ。手順を追って練習すれば、準備中も航海中も技術を磨くことができる。ヨットの技術を向上させることを、自分自身のライフスタイルの中に位置づけるならば、練習は時間の無駄ではなく楽しみとなるだろう。ヨットの技術を磨くことほど、くめども尽きぬ魅力にあふれた深い楽しみはない。

嵐のときには沖に出る

これまで、セーリング技術の習得方法を解説してきたが、それはサバイバル状況に対処するには、基本にのっとり、理にかなった技術が不可欠であるからだ。

経験豊富なセーラーであっても、嵐になれば近くの港へ逃げ込みたくなるかもしれない。しかしそのとき、エンジンの力に頼って、強風の中を機走で陸岸に近づいて、座礁したヨットは数多い。

「嵐のときには沖に出ろ、陸地には近づくな」と言い伝えられてきたのには理由がある。港へ逃げ込もうとすれば、付近の浅瀬や障害物に接近する恐れがあり、沖合よりも険しい波浪に襲われる危険も増える。そして余裕を失えば、ナビゲーションにも操船にもミスが起きることを、ベテランは知っているからだ。強風時に座礁すれば、艇にとっても乗員にとっても、致命的な危機は避けられない。

「嵐のときには沖に出る」には、一晩中、セーリングで耐えしのぐ技術と判断力が求められる。詳しくは後述するが、それは手順に従えば誰もが身につけることができる。一方、嵐をすべて避ければ、嵐とは戦わずに済むという考え方もあろう。翌日の天気予報を信じて、次の港へ向かう。このようなデイセーリングを繰り返して、日本を一周することもできるかもしれない。しかしそれでも、嵐に遭わないという保証はない。予報は外れることがある。局地的な前線に遭遇する可能性をゼロにすることは、誰にもできない。

気象庁による、翌日の降水の有無を予報する精度は83％だ。7日後予測では67％となる。降水に比べて、風の予報精度は、さらに下がると考えたほうがよい。天気予報にしたがえば嵐は避けられるという考えは海の上では通用しないので、嵐に備える構えは常に必要である。嵐と戦うためには、相手を知ることと、戦うためのセーリング技術を磨くことである。相手の威力に対する自分の技術の見当がつかなければ、恐怖は増幅するばかりだが、技術が身につくほどに、嵐という相手を知ることも、判断する余裕も生まれてくるだろう。

「彼を知り己を知れば百戦して殆（あや）うからず」。孫子の兵法として、有名な一節である。

嵐の状況を把握する

サバイバル状況の危険性は、①嵐の強さ、②海域の状況、③スキッパーのセーリング技術の3要素で判断することができる。艇の性能と装備も、サバイバルの能力に多大な影響を与えるが、ここでは24〜30ftクラスの、平均的な外洋クルーザーを当てはめて考える。

①嵐の強さ

荒天の状況は、ビューフォート風力階級をもとにして、次のように3段階に分けると把握しやすい。

荒天1：風力7〜8（風速約14〜20m/s、波高4〜5m）

荒天2：風力9〜10（風速約21〜28m/s、波高7〜9m）

荒天3：風力11〜12（風速29m/s以上、波高14m以上）

②海域の状況

荒天航海する海域の状況は、陸地が風向の風上側にあるのか、それとも風下側にあるのかで危険性が大きく変わってくる。

■ オフショア

風向が、陸地側から海域へ向けて吹く状況をオフショアという。陸地に近づくほど山や谷の影響を受け、風速と風向の変化は激しい。しかし海上での吹送距離（風の吹く風域の長さ）が短いので、長時間続く嵐であっても波浪は大きく育たない。

たとえセーリングができない事態が発生しても、ヨットは沖合に流されるので、陸地側の浅瀬に吹き寄せられる危険性は低い。

テレビなどの天気予報を参考にしてもいいが、過信は禁物。どんなに精緻な予報を得たとしても、海上で嵐に遭遇する可能性をゼロにすることはできない

強風下のリーショアは危険な状況となり、エンジンによる機走では対処できない場合も多く、座礁例も多い

■ リーショア

風向が、海側から陸地に向けて吹きつける状況をリーショアという。波は風上の沖側から押し寄せるので、強風が長時間続くほど波浪が大きく育つ。陸域に近づけば、水深が浅くなるにつれて三角波や砕け波となる。その中では操縦性を失いやすい。

強風のリーショアでは、浅瀬に吹き寄せられて座礁する危険性が大きい。いったん風下側へ座礁すれば、波に次々と持ち上げられ、さらに浅いほうへ運ばれてヨットは大破する。古来、帆船乗りたちは、リーショアを最も危険な場所として恐れてきた。

嵐も時間経過とともに様相が変化する。従って、風向、風速と、その継続時間を予測することで、サバイバルセーリングの状況に有利に対処する方策を考えることができる。その方法の一端は、第6章で、実例に沿って解説を行っているので参照していただきたい。

③スキッパーのセーリング技術

スキッパーの能力が、嵐との戦いに大きく影響を与えることは言うまでもない。遠くへ行ったことがあるとか、何年乗っていると

いった漠然とした経歴ではなく、どのようなセーリング技術を身につけているかで腕前を捉える。長距離航海をしていても、セーリング技術が未熟な場合を見聞するからである。サバイバルに対処できるのは、身につけた技術であって経験年数ではない。

■ ビギナーの技量

ビギナーとは、まだ100時間シングルハンドセーリング練習の途上である者をいう。艇を目標へ向けて、コースを一定に保つステアリングができる。風位に合わせてセールをトリムできるが、風位に応じて艇のヘディングを合わせる「ステアー・バイ・ザ・ウインド」がまだできない状態と仮定する。

■ ベテランの技量

ここでは、500時間以上の的確なセーリング練習を重ねた者をベテランと呼ぶことにする。クロースホールドでは、リーウェイ(横流れ)の大小が察知できるので、どちらのタックが有利なのか判断ができる。20mを超える強風下のクロースホールドでも、風向の変化に合わせて風上へ切り上がることができる。横向きステアリングで、長時間ティラーを握っていることができる。また、キャビンの中にいても、風位の変化を感じ取るブラインドセーリングができる状態である。

どのように荒天と戦うか

①ビギナーの場合

荒天1であっても、リーショアの状況では、ビギナーが乗り切ることは困難となるだろう。強風の中を、クロースホールドでセーリングして風上へ向かうには、スピードを保つために、風位に合わせたステアリングが必要となるからである。シートを固定し、ステアリングで風の変化に追随することによって、スピードを保つことができる。

スピードを失えばリーウェイが大きくなり、風上への高さも失うという悪循環に陥ることになる。その結果、たとえタッキングを繰り返しても風上へ上ることができず、風下側の浅瀬に乗り上げる危険が迫ってくる。もしも風下側へ座礁すれば、強風に押し付けられたヨットが、自力で離脱することはまず不可能である。

オフショアの状況であれば、100時間練習の途中のビギナーであっても荒天1はセーリングで乗り切ることができるだろう。艇と風速に合わせてリーフ(縮帆)する技術を学んでおけばよい。夜間でなければ荒天2でも乗り越えることは可能である。夜間や視界が制限される状態では、横向

リーフ（縮帆）やセール交換によってセール面積を減じ、ヒールを
減少させることで、スピードを維持することができる

きステアリングができないと、艇のヨーイングによって起こるワイルドジャイブ（アクシデンタル ジャイブ）を防ぐことが難しくなる。荒天中のワイルドジャイブによって、その衝撃でディスマスト（マスト折損）を引き起こした例は多い。

　自分の技量を冷静に判断することができれば、普段からセーリング練習を行うことができる。たとえ近くの島へのクルージングであっても、500時間練習の目標である「風位に合わせるステアリング」と「横向きステアリング」の練習と考えれば、微風も強風も上達の機会とすることができる。

　ビギナーであったが、シングルハンドで沖縄への長距離航海を計画したセーラーがいる。自分をビギナーだと認めていたその人は、遠回りを避けるためにヨットスクールへ入学した。そして、セーリングとナビゲーションの基本を学び、出航した。「海をなめるな」という非難もあったようだ。ヨットを始めて3カ月後には出発したのだから無理もない。

　しかし謙虚で勉強熱心であった彼は、100時間練習を1週間で達成し、航海中もなるべくエンジンには頼らずに、風力と風向の変化に合わせてセーリングの練習を続けた。手順に沿って練習を重ねた結果、到着したときにはベテランの域に達しており、航海は成功したのである。

　ベテランとなるための練習手順については、本章で詳しく解説したので参考にしていただきたい。

②ベテランの場合

　ベテランならば、荒天1でリーショアの状態になったとしても、嵐との戦いには勝算が見込める。リーフしたメインセールとストームジブとで、クロースホールを走り抜き

リーショアから脱出するのである。

　セールエリアを縮小するのは、スピードを落とすためではない。ヒールを減少させることでセールとキールの効率を向上させ、かえってスピードを上げてリーウェイを減少させるためである。スピードは、舵効きと上り角度を保つために極めて重要な要素である。スピードが半分になれば、舵効きは4分の1となることを忘れてはならない。サバイバルセーリングでは、次々と襲いかかる波の合間を縫って、すばやくタッキングを行わねばならない。そのためにはスピードという財産が不可欠となる。

　ベテランスキッパーは、横向きステアリングで疲労を抑え、最大のスピードを維持しながら、ヘッダー（クロースホールでヘディングが落とされる風の振れ）を受けて直ちにタックするなどの基本を踏まえて、嵐が過ぎるまで戦うのである。

一見、クルージング向きに見える重いロングキールのヨットは、波のある強風下では舵効きが悪く、タッキングしようとしてもなかなか風上にバウを向けることができない

しかし荒天2で、しかもリーショアのサバイバルとなると、ベテランのスキッパーであってもセーリング技術だけでは対処が困難だ。ヨット自体が備える荒天性能に助けてもらわねばならない。重量が重いヨットは、頑丈で嵐に強いとの見方がある。重い艇は、停泊した状態ではヒールが少ないので、強風に耐えられると誤解されるのかもしれない。しかし重いヨットは波浪中の運動が鈍重になり、波を乗り越えるたびに大きくピッチングして、減速を余儀なくされる。減速から立ち直って加速する前に、次の波が来てピッチングするので、ベテランスキッパーであっても操船に難渋するであろう。また、鈍重艇では強風下でリーウェイが大きくなるため、風上へはほとんど上れなくなる。

ロングキールを持つ一部の艇では、さらに舵効きが悪くなるので、嵐の中ではタッキングすらおぼつかない。ロングキール艇はクラシックな外観を持ち愛好家も多いが、嵐の中ではスキッパーの意にしたがわない暴れ馬となる。このように、スキッパーの技術が優れていても、リーショアから脱出することや、荒天を乗り切ることに困難を伴うヨットもある。

荒天2、および荒天3に遭遇した際のサバイバルセーリングの技術については、次項で詳しく解説する。

嵐が待ち受ける
長距離航海

先に紹介した〈白雲〉で世界一周を成功させた榊原伊三さンら4人、〈鷗盟〉で太平洋周航を成し遂げた池川富雄さん、〈青海〉で南極大陸へ行き、世界一周を達成した片岡佳哉さんたちは、航海中にディスマスト（マストを折損）したが、ジュリーリグ（応急リグ）で荒天を乗り切り、当初の目的を達成している。

また、2016年に〈スピリット オブ ユーコー〉で単独無寄港世界一周レース（ヴァンデ・グローブ）に参戦した白石康次郎さんは、レース中にディスマストしたが、短く

なったマストにセールを展開してセーリングを続け、自力でケープタウンへ入港した。白石康次郎さんが師と仰ぐ故 多田雄幸さんは、1983年に自作艇〈オケラ五世号〉でBOC世界一周レースに日本人として初めて出場し、ノックダウン（横転）や座礁のサバイバルを乗り越えて優勝している。

荒天の中をセーリングしているときにマストが折れるのは、激しい戦いの中で刀が折れるのに例えられる。折れた刀で戦い抜くには、その現場がリーショアとならない陣取りが重要となる。嵐と戦うときは、ディスマストする可能性も想定して、リーショアの危険を避けることを第一優先とすべきである。「嵐のときは沖に出ろ、陸地には近づくな」

という言い伝えは、ヨット乗りの鉄則である。

嵐と戦うための技術

リーショアで荒天に遭遇したならば、その危機を脱出するためにはセーリングで戦う以外に方法はない。では外洋で嵐と遭遇した場合は、どのように戦えばいいのだろうか。

嵐と戦う際に、相手の力を知る手立てとして、ビューフォート風力階級をもとにして、荒天の強さを次のように3段階に分ける考え方を示した。

＊

【嵐の強さ】
荒天1：風力7〜8（風速約14〜20m/s、波高4〜5m）
大波。泡が筋を引く。波頭が崩れて逆巻き始める。
荒天2：風力9〜10（風速約21〜28m/s、波高7〜9m）
のしかかるような大波。白い泡が筋を引いて海面は白く見え、波は激しく崩れて視界が悪くなる。
荒天3：風力11〜12（風速約29m/s以上、波高14m以上）
山のような大波。海面は白い泡ですっかり覆われる。波頭は風に吹き飛ばされて水煙となり、視界は悪くなる。

＊

リーショアの状況では、荒天1であっても、ビギナーでは乗り切ることが困難となることをすでに述べた。荒天1の風速14〜20m/sは10分間の平均風速であり、瞬間最大風速は、1.5〜2倍の30〜40m/sに及ぶと考えねばならない。また波高は有義波高で示されているので、最大波高としては、2〜3時間の間にこの2倍に達する巨大な波が来襲すると考えねばならない。大波は、巻き波となってヨットを飲み込もうと襲いかかる。

ここでは、荒天2以上の嵐をいかに耐え、乗り越えるのか、その技術を解説する。耐えるとはじっと受け身で我慢することではない。500時間練習を重ねたベテランなら、習得したセーリング技術を存分に駆使して戦い、嵐が過ぎ去るのを待つのである。外洋クルーザーのスキッパーを目指すならば、荒天2以上の嵐に備えて、次の4種類のテクニックを検討する必要がある。

荒天時はリーショア（風下に岸がある状況）を避けなくてはならないが、いざその状況になったときは、トライスルを揚げるなどして、セーリングで立ち向かう。エンジンのパワーでは太刀打ちできないからだ

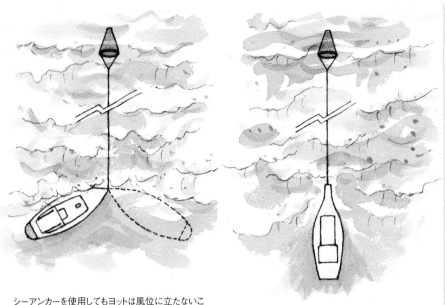

シーアンカーを使用してもヨットは風位に立たないことがあり、横波を受けてしまう

シーアンカーの効用で、荒天下で風位に立つ漁船

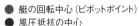

● 艇の回転中心（ピボットポイント）
● 風圧抵抗の中心

ヨット

漁船

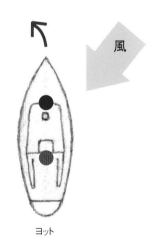

風

ヨット

艇の回転中心（ピボットポイント）が風圧抵抗の中心よりも前に位置する漁船タイプの艇はバウを風上に向けやすいが、反対に艇の回転中心が風圧抵抗の中心よりも後ろに位置するヨットでは、バウを風上に向けることは難しい

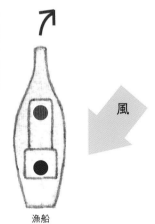

風

漁船

①シーアンカーとドローグ

　多くの文献に紹介され、定説となっているサバイバルテクニックである。セールをすべて降ろし、大きな布製の抵抗物（シーアンカーやドローグなど抵抗の大きいもの）を、長いロープの先端に取り付けて、バウから海中へ流す。抵抗物の形状は、底がないバケツ形であったり、パラシュート形であったりする。

　シーアンカーを海中に投入すると、風圧で後退する艇に引きずられて大きな抵抗が生じるので、その抵抗によってバウを風上に向け、横波を受けにくいようにすることが狙いだ。ねらい通りにバウが風上に向けば、大波をバウのとがった先端で受け、艇への衝撃を軽減して嵐の風波を耐えしのぐことができる。そして、風圧により風下へ漂流する距離を、最小限に食い止めることができる。

　しかし、この定説に大きな問題がある。

　シーアンカーは一部のパワーボートや小型漁船には極めて有効であるが、ヨットでは役に立たない。むしろ使用することで、かえって危険な状態に陥ることもある。最新の小型船舶操縦士教本にも、船に適したものを正しく使うようにと書かれている。時化ればシーアンカーという従来の定説を、うのみにしてはいけない。

　その第一の理由は、ヨットでは面積の大きいシーアンカーを使用しても、バウが風上に立たないからである。なぜなら艇の回転の中心点を示すピボットポイントが、パワーボートや漁船では艇の風圧抵抗の中心より前方にあるのに対し、ヨットでは艇の風圧抵抗の中心より後方にあるためである。最も大きな風圧抵抗を受けるマストが、キール付近にある艇のピボットポイントよりも前方に存在している。したがって強風を前方から受けたヨットは、常にバウを風下へ向けようとし、シーアンカーを入れてもヨットのバウは、風上から45度と90度の間を振れ動くことになる。

　すると風波を横から受ける状態となり、荒天2以上の嵐の中では巻き波を横から受けてヨットは横転する。外洋ヨットといえども、横から受けた大波の力に耐えられるものではない。定説通りにシーアンカーをバウから流した21ftのヨット〈信天翁二世号〉は、荒天3の嵐の中で転覆し、裏返しとなってしまった。

　第二の理由は、シーアンカーのロープには想像以上の力がかかるので、小型ヨットのクリートでは支えきれないからである。そのため一部の文献では、ウインチやビットなどのより頑丈な箇所からロープを取るように書かれているが、それでも波の衝撃により艤装の破損を免れえないだろう。

　シーアンカーを引くロープにかかる過大な力は、次のように増幅される。シーアンカーを100m以上のロープで十分に流した場合でも、大きな波が通り過ぎた後に、反動でロープが緩む瞬間がある。ロープが緩んだときに次の大波を受けると、艇が波に大きく運ばれ勢いのついた艇は、シーアンカーによって急激に引き止められる。その瞬間に、ロープが急激に張るのだ。その衝撃は、デッキ上のクルーを艇外に放り出すほどの勢いである。18mmのクレモナロープが、一瞬で切断された例もある。

バウからアンカリングしたことのある経験者なら、その衝撃が想像できるかもしれない。強風時にバウからのアンカーだけで停泊すると、バウが大きく振れ回り、左右へタックを変えることがある。タックが変わる瞬間、デッキに立っているクルーは、つかまっていないと振り落とされるほどのショックを受ける。

以上の二つの理由から、ヨットにとってバウからのシーアンカーは、サバイバル技術の有益な選択肢とはならない。

一方、スターンから小型のドローグを曳航して減速し、襲いかかる波浪をスターンから受けてやり過ごす方法も文献には掲載されている。このテクニックは、後述するベアポールと組み合わせて、荒天2以上を乗り切るためには有効な技術である。

②ヒーブ・ツーまたはライ・ア・ハル

ヒーブ・ツーは、通常のセーリング時にはセールを揚げたままで一時停止するためのテクニックである。同じ用語であるが、嵐の中で使うときは、トライスルとストームジブを組み合わせて風波を乗り切る別のテクニックである。ストームジブであっても、ジ

ブに裏風を受けさせて行う通常のヒーブ・ツーは、荒天1以上の嵐には耐えられない。ヒーブ・ツーの状態では、バウは風上から60～90度の方向を向く。すると波浪を横から受けるので、転覆の危険が増す。

ジブは降ろして、セールはトライスル（メインセールの代わりに張る小面積の荒天用セール）だけを揚げ、ティラーを風下側へ固定してわずかに前進力を保つサバイバルテクニックのこともヒーブ・ツーと呼ばれている。

そしてヒーブ・ツーで漂流させている状態を、ライ・ア・ハルとも呼ぶ。古典的な重排水量船型のヨットは、このヒーブ・ツーがサバイバル技術としては最終の選択肢となる。重排水量船型のハルは喫水線上の予備浮力が少ないために、嵐の中でセーリングするとハルが波の中へ没し、波浪に翻弄される状態に陥りやすい。そのため次に述べるストームジブ・ランやベアポールは選択できなくなる。

トライスルを使ったセーリングは、リーショアで嵐と戦うときの最後の手段となる。荒天2までならば、トライスルでぎりぎりのセーリングが可能だ。そうすれば、タッキングを繰り返して風下側の陸地へ流される時間

を稼ぐことができる。しかし荒天3では、巨大な横波を受けて転覆する危険があるために、ヒーブ・ツーは使用できない。

③ストームジブ・ラン

ストームジブ・ランは、ストームジブ一枚でセーリングをして、風下へ逃げ続けるテクニックである。この手法は次の条件を満たすときは、有効なサバイバル技術となる。

（1）数日間走っても、風下側に陸地がない外洋である。

（2）シングルハンドの場合は、嵐を乗り切るまでステアリングを続けられる体力の持ち主である。

（3）または交代できる腕利きのヘルムスマンが複数乗っている。

優れた設計に基づく俊敏なクルージング艇ならば、ストームジブ一枚でセーリングし、波頭に乗って逃げ続けることも可能だ。そしてブローチングしにくい優秀な船型を持つ艇であれば休息も取れるので、2～3日間ならばシングルハンドでも耐えられるだろう。嵐は長くとも、数日間で過ぎ去っていくからだ。（3）は、世界一周レースでよく見かけるセーリングシーンだ。嵐の中を20kt

ヒーブ・ツーは、ジブは降ろしてトライスルだけを揚げ、ティラーを風下側へ固定してわずかに前進力を保つテクニックだ

以上のスピードで波頭に乗ってプレーニングさせることが、40ft以上の大型レース艇では可能である。バウが波頭に突き刺さって縦向きに転覆しないために、艇体は超軽量でなくてはならない。マルチハルのヨットも、同様にストームジブ一枚で嵐の中を風下へと逃げ切るテクニックを使う。

　重量級のヨットや、スターンに予備浮力が乏しい船型では、後方から襲いかかる巻き波に飲み込まれて転覆する恐れが大きい。吠える40度線で嵐と戦った〈ツーハン〉号は、ベアポールで風下に逃げている最中に後方からの大波で縦向きに裏返しになったという。〈ツーハン〉号は細身のワイングラス船型を持った古典的なロングキール艇であった。

④ベアポール

　ベアポールは、艇の大小にかかわらず、荒天3と戦うために残された最後の手段である。セールはすべて降ろし、スターンから100mほどの太いロープを流して風下へ漂流するテクニックである。

　荒天3になると、デッキ上には乗員が吹き飛ばされてしまうほどの強風が吹き、大波が崩れ落ち、乗員が波にさらわれる危険性が高い。したがって、人力によるステアリングはとてもできない。もちろんこのような状況では、ラダーに加わる波の強大な荷重に負けて、オートパイロットによるステアリングの制御は不能となる。ウインドベーン（風力自動操舵装置）も荒天3では

俊敏な軽量艇で、近くに陸岸のない状態であれば、セーリングをして、風下へ逃げ続けるストームジブ・ランを選択する

役には立たない。ラダーを波でもぎ取られないために、ティラーやステアリングホイールを頑丈に固縛する必要があるからだ。

　ヨットはステアリングが不能となるが、大波に横腹を襲われてはたまらない。そこでスターンから流したロープで、船尾を風上へ保ちながら、波とともに風下に流されてゆく方法を選ぶのである。バウからシーアンカーを流す場合と異なり、スターンからならば小さな抵抗物でも、容易に風上に向けることができるのだ。ピボットポイントよりも前にあるマストへかかる風圧が、自ずとスターンを風上へ向けやすくしてくれるのである。

　そして乗員は、キャビンの出入り口をすべてロックして、キャビン内のバースに身を横たえ、嵐が過ぎ去るまで体力を温存し判断力を維持する。

＊

「人間が創作した物の中で、船ほど、どんな悪条件のもとでも自立できるように仕組まれた物は、ほかにはあるまい。

　とりわけヨットは、商船や軍艦に比べて、比較しようもないほど小さいのに、あらゆるシケに耐え、どんな長丁場にもひるまずに行動する力を持っている。その理由は、商売の負担を一切負わされず、武器や砲弾や兵士たちを乗せる必要もなく、ただただ、『大自然と乗る人だけを対象とする船であればよい』という純粋さの強みなのである」

　これは、日本が生んだヨット設計者、故横山 晃先生の言葉である。嵐との戦いに備える外洋ヨット乗りへ送られたエールであろう。

セールはすべて降ろし、スターンから100mほどのロープを流して風下へ漂流するベアポールは最後の手段だ

2章

乗員の安全確保

航海距離の長短にかかわらず、スキッパーは乗組員の安全確保に大きな責任を負っている。スキッパーとオーナーが異なる場合は、オーナーに安全確保の方策を説明し、艇の装備に問題があれば、改善策を提案することがスキッパーの重要な責務となる。もしも、オーナーが十分な安全対策を講じない場合は、その艇のスキッパーを引き受けるべきではない。また、日頃から事故やトラブルへの対応方法を練習しておくなど、ハードとソフトの両面で、乗組員の安全確保のための備えを怠ってはならない。

これらは、スキッパーの心構えとして当然のことであるが、長距離航海を目指す者は、安全確保にいっそう高い意識を持つことを、プライドとして持ってもらいたい。

また仮に、マリーナの近くをセーリングするだけであっても、油断は禁物である。港の中でも、天気のよい日でも、落水事故が起きている。周囲に複数のヨットがいるのに、落水者を救助できなかった例もある。今回は、乗組員の安全を確保する上での、必要事項を確認しておきたい。

船酔いを避ける

船酔いは、安全の妨げとなる。船酔いすると気分が悪くなり、誰もが動作が緩慢となり、注意力は散漫となる。そのうえ判断力も鈍るので、能力は通常の3分の1になると考えよう。するとベテランのスキルは失われ、ビギナーは操船を分担することができなくなる。船酔いすると、ベテランでもデッキでスリップして転倒し、けがをすることがある。ウインチ操作を誤り、シートで指を挟んでしまうこともある。船酔いは、事故につながりやすい危険の始まりとなる。

船酔いは、精神力で治るものではない。これくらい大したことはないと考えるよりも、船酔いは能力を阻害する重大な体調の

船酔い状態では動作がにぶくなり、注意力が散漫になる

不良ととらえて警戒したほうが安全に寄与する。船酔いをしたことがないという人は多い。しかし航海が始まれば、船酔いしない人は少ない。慣れれば治るともいわれるが、航海当初の数日間はベテランでも悩まされるのが普通である。

スキッパーは、あらかじめ節制して体調を整え、出航前の決められた時間に船酔い止めの薬を飲むことを、クルーに指示しておかねばならない。市販薬では「アネロン・ニスキャップ」がよく効くのでおすすめする。

航海中に起こる最も深刻な事態は、乗員の落水である。荒天下や夜間は、ライフジャケットを身につけていても発見、救助することが非常に難しい

落水に備える

ヨットの航海中に起こる最も深刻なトラブルは、落水事故である。水泳に自信がある人は、海で溺れることは想像しにくいかもしれない。しかし、ヨットから海面に落ちるだけのことが、最も深刻な事故となることを、ヨット乗りは肝に銘じる必要がある。

室戸岬沖を通るときは、1997年に外洋レース

参加中に落水して行方不明となった南波誠さんを思い出す。南波さんは、アメリカズカップに挑戦したニッポンチャレンジ艇のスキッパーを務めたベテランであった。ヨット界の宝といえる一人である。ステアリング中に、運悪く横波を受けて艇外へ放り出され行方不明となった。南波さんだけが、ライフジャケットを着けずにいたという。

マリーナ内で起こった落水事故では、ヨットのデッキからライフラインの間を滑り抜けて、子供が落水した例がある。それを見た親は、ヨットをUターンさせようとするがままならない。子供はライフジャケットを着用していなかったが、溺れる寸前に別のヨットが助け上げたので大事には至らなかった。

これらの事例を見ると、セーリングしているときは当然として、桟橋上で遊ぶ子供にも、ライフジャケットを着用させることの大切さが浮かび上がってくる。しかし、ライフジャケットはビギナーがつけるものだと考えて、いまだに着用していないベテランヨット乗りもいる。スキッパーならば思わぬ事態も想定して、クルー全員へ着用を指示し、自らも率先して着用すべきである。例外規定はあるが、平成30年2月1日からは着用義務違反の責任を問われることも忘れてはならない。

ライフジャケットの選びかた

ライフジャケットは、多くの種類が市販されている。その中でどれを選ぶべきかが難しい。命に値段はつけられないから、値段が高いものを選べばよいのだろうか。

ヨットの上では操船のために動き回るので、軽くて動きやすいことが大切だ。固形浮力体のタイプは軽量ではあるが、種類によっては動きにくい製品もある。しかも浮力体は保温材であるから、夏場は暑くなりどうしても脱ぎたくなってしまう。しかし、荒天時に振り回されたときには、体を保護するクッションにはなり得る。

浮力体の代わりに、落水時に炭酸ガスによって気室を膨張させるタイプがある。膨張式のライフジャケットは、ボンベや作動装置が付属しているので、重さがやや増え、定期的なメンテナンスが必要になるが、着用時には折りたたまれているので、固形浮力体タイプに比べて動きやすい。高緯

度の寒冷海域を航海するときは、固形浮力体タイプのライフジャケットの保温作用が役に立つが、温暖な海域では、膨張式ライフジャケットが快適だ。

膨張式には、作動させるのに手動式と自動式との2種類がある。ヨットでは、意識不明となって落水することもあるので、自動膨張式を選ぼう。大波をかぶるような海況では、誤作動して膨らんでしまう恐れもあるので、誤作動を防ぐセンサーの性能の高いものをおすすめする。

またライフジャケットは、意識不明となった落水者が、海面で顔を上向きに保つ浮力配置がなされているかどうかも重要なポイントである。このフェイスアップ機能については、製品によって大きな差がある。子供用の固形浮力体タイプでは、この機能が大切だ。フェイスアップを考慮している製品は、胸側に大きな浮力をもたせ、首の後ろ側へも襟状の浮力体を配置している。

青木ヨットスクールでは、これまで2度にわたって落水者救助法の研修会を行い、ライフジャケットを実際に着用してテストを行った。その結果、市販品の中には落水した途端に抜け落ちそうになったり、顔が海中に向いたりする製品があることが分かった。また浮力が十分ではなく、波があるときは頭部を水面上に維持することが困難な製品もあった。

ヨット用に販売されている自動膨張式タイプの中には、15kg以上の浮力を持ち、フェイスアップ機能も備えている海外製のモデルがある。これに対し、国土交通省が認定する国産ライフジャケットの規定は、浮力が7.5kg以上となっている。認定品は、艇に備えるべき法定安全備品として認められた製品だ。しかし落水事故が実際に起こったとき、責任を負うのはスキッパーである。現実的には法律にのっとりながらも、適切な製品を選ぶ賢明さがヨット乗り各人に求められている。

セーフティーラインの選びかた

セーフティーラインはテザーともいう。落水を防ぐために、艇と自分とをつなぎ留めておく命綱のことである。ライフジャケットは、落水してしまったときの安全装備である。しかしいったん落水すると、すぐに艇から離れてしまうので再発見されるのは容易ではない。まして波高が1mを超えるときや、夜間の落水事故では、自艇によって救助される確率は極めて低くなる。そのような海況で

は、落ちたら最後、まず救助は望めないというくらいの危機感を持つべきである。そのためセーフティーラインは、ライフジャケットと同様に、重要で不可欠の安全備品である。

装着しないことで起こる落水事故は後を絶たないが、装着したことでかえって危険が及んだケースも報告されているので、製品の特徴を理解した上で選択したほうがよい。

セーフティーラインの市販品を見ると、二つのタイプがあるのでそれぞれの特徴と、長さとを検討する。

①一つは胸元から外れることがないように、ライフジャケットのハーネスに完全に固定するタイプだ。ハーネスへはループを作って通すようになっている。反対側の先端には開閉式の金具がついていて、艇に設置したリング状の金具へワンタッチで取り付けられるようになっている。

胸元から外すことができないタイプは、子供用には最適だろう。またシングルハンドで乗る場合にも適切かもしれない。しかし胸元が外せないことによって、別の危険性が生じる。ヨットが転覆したときや、落水した状態で行き足を止められないヨットに引きずられたときは、胸元側で外せないと溺れてしまう恐れがある。その場合に備えて、いざというときには切断できるように、小型のナイフが付属している製品もある。しかし、艇に引きずられて溺れかかっている落水者が、ナイフを取り出すことは至難の業となるだろう。

②もう一つのタイプは、胸元が固定式ではなく開閉式の金具がついている。金具がスナップシャックルであれば、力がかかっていても持ち手を引けば容易に解除できる。胸元の金具が、ダブルアクションのフッ

6件の落水事故の状況

落水事故例	事例Ⓐ	事例Ⓑ	事例Ⓒ	事例Ⓓ	事例Ⓔ	事例Ⓕ
ライフジャケット着用	○	○	○	○	○	？
セーフティーライン着用	○	×	○	×	×	×
結果	溺死	救出	溺死	溺死	救出	行方不明

クとなっている製品も市販されている。ワンタッチで外れないように工夫されたものであるが、この仕組みが災いすると、外すのに困難を伴う場合がある。

両タイプとも、艇に取り付ける先端側の金具は、ダブルアクション式のフックが必要である。簡単に外れることがあってはならないからだ。ポイントを総括すると、先端側の金具は、ダブルアクション式である必要があり、胸元の金具はワンタッチで外せるスナップシャックル式であることが望ましい。それは下表にまとめた事故例の、ⒶとⒸの結果が、落水した状態でヨットに引きずられたことに起因すると考えられるからである。

セーフティーラインの長さ

市販されているセーフティーラインのほとんどは、約1.8mの長さである。コクピットにいて作業するには、ちょうどいい長さだ。コクピットの中心線付近に取り付け金具が設置されていれば、タッキングのたびに、先端フックを付け替える必要がないので作業の邪魔にならない。

しかしコクピットからバウへ作業に出る

ときは、先端金具をサイドデッキへ張り渡したジャックラインに通して移動する。このときに落水すれば、ライフラインの上を越えて落水した場合でも、1.8mの長さがあれば落水者の全身が海面に投げ出される。その状態で艇を止められなければ、落水者は艇に引きずられることになり、結果として溺死に至る危険にさらされる。事故例Ⓐとトラで、落水しても上半身が海面に届かない長さを推奨している。

落水して艇に引きずられた場合は、ハーネスに胸が締め付けられて呼吸ができなくなったとの報告があった。セーフティーラインを装着して落水が発生したときには、直ちにヒーブツーして艇を止めることが第一優先となろう。

青木ヨットスクールでは、これらの新たな問題を実地で検証するために、ヨットインストラクターが集まり、第3回の落水者救助法研修会を行う予定である。

セーフティーラインを付けていても、強風下で艇を止めることができなければ、乗組員は引きずられてしまう。近年、このような状況での死亡事故が報告されている

セーフティーラインを使うとき

前項では安全装備の筆頭であるライフジャケットについて、タイプによる特徴と選定方法を詳しく検討した。またライフジャケットと同様に、重要な安全装備としてセーフティーライン（テザー）を取り上げた。ここではセーフティーラインの使用法と選定法について、考察と検討を加えたい。セーフティーラインは命綱ともいわれるように、落水事故から命をつなぎ止められるかどうかの瀬戸際のときに、運命を左右する装備である。それだけに、装備に関する正確な知識を備え、正しく使う習慣を持つことの意味は非常に大きい。

ライフジャケットとセーフティーラインは、クルーならば自分のための個人装備として、そろえておく必要がある。そして、いつ、どのように使うのかを理解し、自分の判断で装着するクセをつけておかねばならない。もしあなたがスキッパーならば、自艇の安全装備を念入りに点検し、出航前のミーティングでクルーの装備をチェックするときに、セーフティーラインの使用方法を指導することを怠ってはならない。

セーフティーラインの両側には、着脱式のフック金具がついているが、フックのタイプによる注意点を前項で解説しているので参照していただきたい。

セーフティーラインは落水事故を防ぐとともに、落水した場合にも落水者の体が艇から離れないようにするための装備である。したがって、たとえ落水してもすぐに助けてもらえる条件がそろっていて、かつ有効なライフジャケットを着用していれば、セーフティーラインを装着する必要性は低い。ヨットが港内を航行しているときや、視界がよく穏やかな日に湾内をセーリングしているときは、子供や特別な配慮が必要なゲストを除けば、装着することは少ないだろう。

では、どのようなときにセーフティーラインを着用すべきだろうか。それは、いったん落水すれば救助が困難になる可能性がある、すべての状況においてである。

波があるときは、落水者の頭部はあっという間に波間に隠れて見失われてしまう。ヨットのデッキは低く、捜索者の視点を高くすることができないため、完全にフラットな海面でもない限り、一度離れた落水者を発見することは至難の業である。その捜索の困難さと再発見される確率の低さは、落水者を捜索した経験のないセーラーの想像をはるかに超えるレベルであることを、一度でも経験した者ならば異口同音に認めるだろう。

嵐の中ではもちろんのこと、湾外をセーリングするときは必ず装着すべきである。また夜間は、たとえ穏やかな海面やホームポートの近くであっても、必ず装着しなければならない。

嵐でも夜間でも、キャビンの中にいるときはセーフティーラインを装着しないので、コクピットとキャビンの境であるコンパニオンウェイ付近で着脱が行われるが、セーフティーラインを外したときに、落水事故の危険が高まる。2009年に室戸岬沖で、〈ミーモ〉号から浅沼修平さんが落水した場所も、コンパニオンウェイ付近からだった。

では、コクピットとキャビンの出入りの際の着脱手順を含め、セーフティーラインを適切に使うために、どのようなことを順守すべきであろうか。

ハーネスホルダーを設置する

セーフティーラインは、フックの片側を自分の胸元の金具へ固定し、もう一方は艇のハーネスホルダー（ステンレス製U字形取り付け金具）またはジャックラインへ取り付ける。

ハーネスホルダーの設置場所がキャビンの入り口から遠すぎると、キャビンへ下りる前にフックを外さないといけないので危険である。キャビンの床に下り立つまで、フックを外す必要のない位置を選ぶべきである。キャビンへ入り、胸元側のフックから外したセーフティーラインは、コクピット側はつないだままコンパニオンウェイからキャビン内へ垂らしておく。そしてキャビンからコクピットへ向かうときには、キャビン内へ垂らしてあったセーフティーラインを装着してから外へ出る。

コクピットで操船に従事しているときは、タッキングの際などに反対舷へ移動しなければならないが、その都度フックを付け替えるのは、煩雑であり危険である。よって、コクピット用のハーネスホルダーの取り付け位置は、ハルの中心線に近い箇所に設定すべきである。

ハーネスホルダーの、フックを掛けるU字形部分は、直径8mm以上の太さが必要である。金具の取り付けには、6mmのボルトなら4本以上で、コクピットの床材を貫通させ、大型ワッシャーをあてて固定しなければならない。

また、セーフティーラインのフックを、ライフラインやパルピットに固定するのは危険きわまりない。ライフラインは強度不足で

高い波のある海面で落水が起こると、落水者はあっという間に波間に消え、捜索は非常に難しくなる

デッキ上でのセーフティーラインの着脱は危険。
着脱は必ずキャビン内で行う

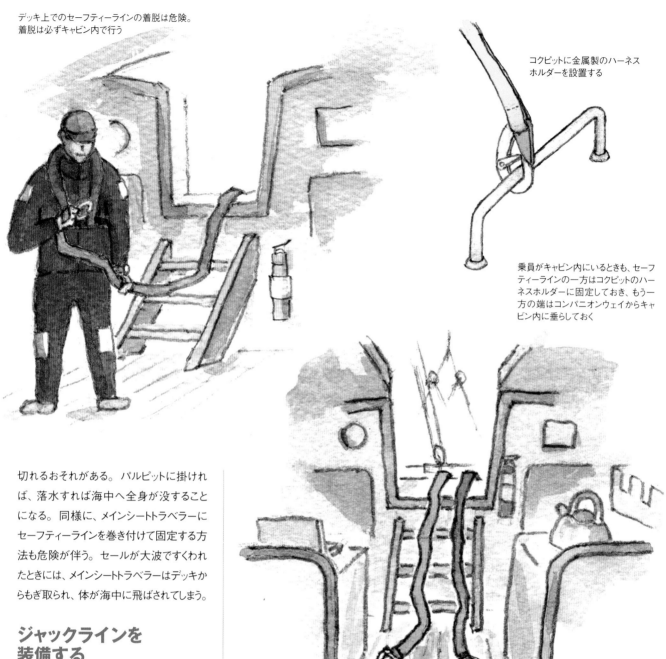

コクピットに金属製のハーネス
ホルダーを設置する

乗員がキャビン内にいるときも、セーフ
ティーラインの一方はコクピットのハー
ネスホルダーに固定しておき、もう一
方の端はコンパニオンウェイからキャ
ビン内に垂らしておく

切れるおそれがある。パルピットに掛けれ
ば、落水すれば海中へ全身が没すること
になる。同様に、メインシートトラベラーに
セーフティーラインを巻き付けて固定する方
法も危険が伴う。セールが大波ですくわ
れたときには、メインシートトラベラーはデッキ
からもぎ取られ、体が海中に飛ばされてしまう。

ジャックラインを
装備する

　コクピットにいるときは、セーフティーラ
インの先端をハーネスホルダーに固定してい
る。しかし、ヘッドセールの交換やメインセー
ルのリーフをするときは、嵐の中でも夜間で
も、コクピットからデッキを伝ってバウへ行く。
そのときに、ハーネスホルダーに代わって、
セーフティーラインのフックを掛けるのが
ジャックラインである。サイドデッキへ張り渡
したジャックラインにセーフティーライン先
端のフックを通して、バウへ移動する。
　ジャックラインは、ポリエステル製のベル
トが好ましい。その破断強度は、6,000ポン
ド（約2.7トン）以上に耐えなければなら
ないといわれている。ジャックラインとして、
ステンレスワイヤを使用していた艇もある。

ワイヤは伸びが少ない利点があるが、上に
足が乗ると滑りやすいという欠点がある。
やはりベルト状のジャックラインを選ぶほう
がよいだろう。ナイロン繊維製のベルトも
ジャックラインとして市販されているが、ナイ
ロンは紫外線による劣化が早いので、ポリ
エステル繊維の製品をお勧めする。
　ジャックラインは個人装備ではなく、艇
の装備である。したがってヨットのオーナー
またはスキッパーが、適切な製品を選び、
艇に備え付けねばならない。
　ジャックラインの先端は、ループ状に縫製

してある製品が多い。その場合は、ループ
状の側を、バウのムアリングクリートへダブル
クリートヒッチで結ぶ。ムアリングクリートは、
もやいロープを取る金具なので頑丈に取り
付けられ、結びかたを間違えなければ安全
な取り付け場所である。ムアリングクリート
が2本足の場合は、ループを内側から外側
へ足の間をくぐらせ、抜いたループを広げて
クリートの両側の爪に掛けてもよい。そして
ジブシートの外側を通して、ジャックラインの
後端は、スターンのムアリングクリートへ、
ダブルクリートヒッチで結ぶ。通常のクリート

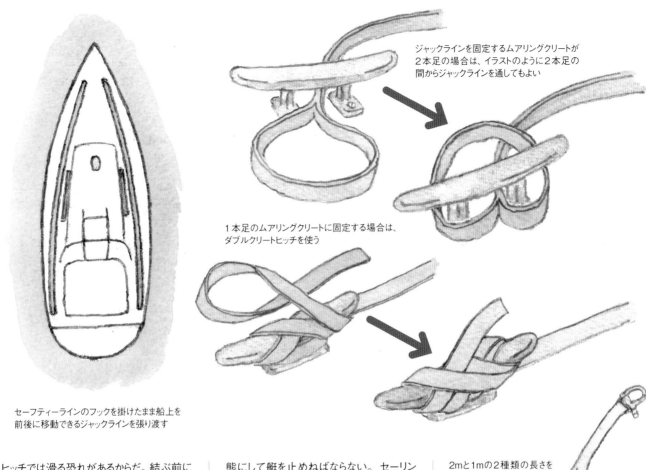

ジャックラインを固定するムアリングクリートが2本足の場合は、イラストのように2本足の間からジャックラインを通してもよい

1本足のムアリングクリートに固定する場合は、ダブルクリートヒッチを使う

セーフティーラインのフックを掛けたまま船上を前後に移動できるジャックラインを張り渡す

2mと1mの2種類の長さをもつダブルセーフティーラインも販売されており、有効性が高い

ヒッチでは滑る恐れがあるからだ。結ぶ前には、ゆるみがないようにジャックラインを軽く張り、ねじれがないことを確認する。

セーフティーラインの問題点

セーフティーラインのフックを、サイドデッキへ張り渡したジャックラインに掛けているときに落水すれば、ライフラインの上を越えて落水した場合でも、落水者の全身が海面に投げ出されてしまう。セーフティーラインの長さは、2m（以内）と決まっているが、これでは長すぎるからだ。しかしこれ以上短ければ、コクピットでの作業が不自由となる。

海面へ投げ出された落水者は、艇に引きずられることになり、猛烈な水圧を受けてたちまち溺死の危険にさらされる。落水者が水中で姿勢を自由に変えられないため、顔面を水上に保つことが困難になるのだ。また、ハーネスに胸が締め付けられて、呼吸ができなくなってしまう。さらに脳しんとうなどで、落水者が意識を失っている可能性もある。したがって、セーフティーラインを付けて落水が発生したときには、間髪を入れずに艇をヘッドアップさせ、ヒーブツーの状

態にして艇を止めねばならない。セーリングの技術で直ちに艇を止める、これが鉄則である。エンジンをかけてセールを降ろそうとしても、その間にも艇は走り続け、引きずられている落水者が窒息する危険性が高いからだ。

落水しても上半身が水没しないセーフティーラインの長さは、2.5～3ft（1m以下）といわれている。長いラインはコクピットで使い、短いラインをデッキ作業でと使い分ければ、落水しても海中へ没する危険性が減少する。シングルラインの問題点を解消するため、セーフティーラインの中には、1mと2mの2種類の長さをもつダブルラインの製品もある。

青木ヨットスクールでは、（1）セーフティーラインの長さ、（2）艇に引きずられる落水者の姿勢、（3）落水者の救助法を実地に検証するために、2018年11月に全国のインストラクターが参集して、第3回の落水者救助法研修会を行う予定である。結果は後日報告したいと考えている。

PLBなどの個人用遭難信号発信機のおかげで、外部からの救助が成功した例はある。しかし自分自身で落水を防ぎ、もしも落水事故が発生した場合には、まず自艇

で救助するためにベストを尽くす。万が一に備え、そのための技術を磨いておくことはヨットに乗る者の責務である。もちろん人命を最優先し、速やかに外部に救助要請を発信することをためらうべきではない。だが、落水事故が発生した瞬間に、落水者の最も近くにいる自艇の乗員に、落水者を救助する知識と技術があることは、人命を救う確率を上げるきわめて重要な要素となる。大海原を自由にセーリングするヨット乗りとして、外部からの援助が届かない場面においても、乗員の安全を守るスキルを備えることを、おろそかにはできない。

1章

2章 乗員の安全確保

3章

4章

5章

6章

7章

これまで、安全装備の筆頭であるライフジャケットとセーフティーラインについて、その選択法と使用法を解説してきた。ここでは実際の落水発生事例を参考に、落水者救助の方法について検討を行いたい。

風や波の影響を受けるヨットを思うように停止させたり回転させることは予想以上に難しい。たとえエンジンを使って航行中であっても、低速時の操船は思うようにいかない。まして落水が発生した緊急事態ともなれば、冷静さを保って的確に操船を行うことは、誰にとっても難しい。

落水発生事例①
対馬沖落水事故

2013年に起きた対馬沖落水事故について、再び日本セーリング連盟（JSAF）外洋玄海のレポートを参考にしたい。この事故では、著名なヨットジャーナリストであり、ベテランのヨット乗りでもあった一木正治さんが亡くなった。詳細をまとめた報告書には、関係者の無念さと、事故の再発を防ぐために貴重な情報提供をされた、真摯な姿勢が表れている。

40ft艇に5人が乗り込み、福岡から韓国の釜山を目指して機帆走で航行していた。対地速度は6.5〜7ktであった。5月1日午前2時すぎに、風速8〜9m/s、波高2mの中でメインセールを降ろす作業中に、落水が起こった。大波を横から受けて、艇が激しくヒールしたのが直接の原因であったようだ。

一木さんはデッキへ張り渡したジャックラインに、セーフティーライン（テザー）をつないでいた。ライフラインの下段から海面へ滑り落ちて、そのまま艇の右舷から引きずられる状態となった。艇は後方からの波と風を受け、45度以上のローリングを繰り返して操船が困難であったという。右舷側から、クルー2人が腕力によって引き揚げようとしたが歯が立たない。舷側からの引き揚げを断念したときにはすでに20分が経過していた。そこで落水者をスターンへ移動させ、ウインチを使って引き寄せようとしたが、1mまで引き寄せるのが精いっぱいであった。そのころには風速は15m/s、波高は4〜6mとなり、風波を後ろから受け、艇の行き足は3〜4ktの状態が続いていた。メイン

対馬沖の事例では、スターンから落水者を引き揚げようとウインチにセーフティーラインを巻いたが、荒天下では艇が激しくローリングして思うようにいかなかった

セーフティーラインがつながった状態で落水が起こった場合に艇を止めることができなければ、低速であっても引きずられた落水者は窒息してしまうだろう

セール、ジブともシバーさせ、エンジンを後進にしても行き足を止められなかったようだ。

自力での救助に万策尽き、海上保安庁に救助を要請した時は、落水後50分を経過していた。一木さんは海上保安庁のヘリコプターによって海面から引き揚げられたが、それまでに要した時間は3時間15分であった。一木さんの死因は溺死とのことである。

落水発生事例②
東京湾・浦安沖での救助

2018年9月9日、青木セーリングクラブの自主練習メンバー3人は、東京夢の島マリーナから出航した。風速10m/sと25ft艇には風が強かったので、2ポイントリーフのメインセールとレギュラージブの組み合わせにして、浦安沖で練習を行っていた。

前方に白い漁具のようなものが見え、し

ばらく前に行き違った大型モーターセーラーが見えなくなっていることを不審に思って接近してみると、ライフジャケットを着けた6人が海面に浮いている。何らかの理由で、モーターセーラーが沈没したようであった。

クラブメンバー3人は、セーリングによる落水者救助法講習を修了していないメンバーも含まれていたので、全員の知識と技術がそろうのは機走による落水者救助と判断し、直ちにセールダウンして機走に切り替えた。機走による落水者救助では、プロペラへの巻き込み防止に細心の注意を払った。エンジンを止めては動きが取れないので、人の浮いているところにデッドスローで向かい、突っ込む直前にニュートラルに入れる動きを繰り返した。

最初はボートフックを使用して引き寄せようとしたが、すぐに折れてしまい使い物にならない。そこで救命浮環のロープの片方を

浦安沖で救助された女性は、海の経験がまったくないらしく、貴重品の入ったバッグを抱えていて、引き揚げに手間取った

浦安沖の事例では、6人もの落水者が浮く海面に機走で突っ込み、救命浮環で落水者をスターンに引き寄せた

保持して投げ入れた。この間も、「助けてー!」という女性の叫び声が水面から聞こえている。浮いていた中年男性2人のうち1人は、トランサムに回り込めたのでそのまま引き揚げる。もう1人は救命浮環をつかめたので、トランサムに回して引き揚げる。

その後、肩を組んで一団となっていた4人（小学生ぐらいの女子とご婦人、中年男性2人）の中の1人が救命浮環をつかんだので引き寄せることができた。まず先に女子を引き揚げ、次にご婦人、中年男性2人の順に引き揚げることができた。

落水直後に体力が残っていたことと水温が比較的高かったことが幸いし、トランサムに手がかかる状態になるとほとんどの人が自力ではい上がることができた。ただご婦人だけは自力で船上に上がれず、引き揚げるのに苦労した。引き揚げた後も、しばらく動けないほど体力を失っていた。

最終段階で、全員の救助が完了したかを確認するために、「スキッパーはどなたですか?」と呼びかけた。しかし誰からも回答がなく、結局最後に引き揚げた男性がスキッパーだと後に分かった。スキッパー以外は、ほとんど海の経験がないようであった。そして全員の救助を確認後、機走で夢の島マリーナに向かった。この時点で、メンバー2人が海上保安庁と東京夢の島マリーナなど、関係各所へ電話連絡を入れる。マリーナでは、スタッフと海上保安庁が受け入れ態勢をつくって待機していた。

二つの事例から気づくこと

二つの事例は状況が大きく異なるので単純な比較はできないが、救助の成否に関していくつか検討に値する点が見つけられる。

対馬沖の事例では、夜間の荒天下にセーフティーラインを装着してデッキ作業を行っていたことが、救助の可能性を飛躍的に高めていた。もしもセーフティーラインを着けていなければ、夜間の外洋で落水者を発見する可能性は限りなく低くなる。落水の危険性に配慮した装備であった。しかし、落水発生後に艇を止められなかったことで、自力での救助ができなくなってしまった。わずか3ktの対水速力であっても、引きずられている落水者は呼吸することも難しく、艇に引き寄せることも困難になってしまう。以前も述べた通り、セーフティーラインを装着した乗員が落水した場合は、直ちにヒーブツーして艇を止めることが鉄則となる。

浦安沖の事例では、自分たちが救助するという決断が実に早かった。決断をためらっていると、時間の経過とともに海面に浮かんでいる6人が離れてしまい、捜索に時間を取られて行方不明となる恐れもあった。早期救助の機会を失うべきではない。メンバー全員が共通に持つ技量をはかって、救助方法について意思統一することにも成功した。意思統一の早さが、その後

の3人による救助作業にチームワークを発揮させることにつながった。的確で速やかな決断力は、合理的な練習を反復することによって身につける以外にない。メンバー3人は、青木ヨットスクールで学んでいる同窓生であった。自艇での落水事故を想定して習得した救助技術が、他艇の事故に遭遇した際にも役に立った。

浦安沖での救助は成功したが、その過程には救助された側にもさまざまな思いが起こっている。引き揚げた中年男性のうちの1人は、初めに艇を近づけたときにピックアップできずにいったん遠ざかったことが不満のようであった。またもう1人の男性は、引き揚げ直前に頭をハルにぶつけてしまった。ご婦人は貴重品のバッグをしっかり抱えていて引き揚げるのに時間を要した。この事例では、被救助者がヨットの危険性に無知であったことに驚かされる。全員が無事に救助されて、本当に幸運であったといえよう。

落水者救助の反復練習の重要性

実は筆者も、嵐の中でクルーを落水させた経験がある。そのときは運よく事なきを得たが、もう運に頼るわけにはいかないと考えているので、練習の大切さを痛感している。

対馬沖落水事故のレポートから明らかになった点は、落水者がセーフティーで

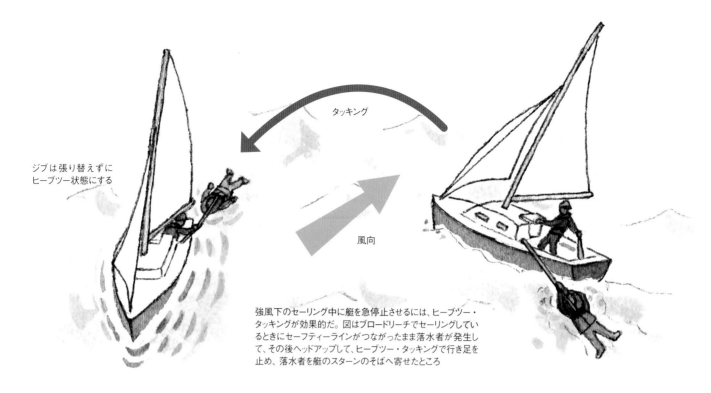

ジブは張り替えずに
ヒーブツー状態にする

タッキング

風向

強風下のセーリング中に艇を急停止させるには、ヒーブツー・タッキングが効果的だ。図はブロードリーチでセーリングしているときにセーフティーラインがつながったまま落水者が発生して、その後ヘッドアップして、ヒーブツー・タッキングで行き足を止め、落水者を艇のスターンのそばへ寄せたところ

自艇とつながっている場合、間髪を入れずにヨットを停止させることが何よりも大切である。ここでは、艇を止める技術と、落水者を艇に引き揚げる段階の手順に絞って、練習すべき内容を確認したい。セーフティーラインを装着していない状態での落水事故については、別の機会に検討したい。

①落水発生。直ちに艇をヘッドアップしてヒーブツー・タッキングを行い、艇を止めることを試みる。タッキングではジブは張り替えず、逆ジブを張る。タックが変わった後はメインシートを出しメインセールをシバーさせる。

②風下側の舷側に引きずった落水者が

落水者をデッキ上に引き揚げるのは想像以上に困難で、腕力だけでは難しい。救助専用のテークルを準備しておき、使っていないハリヤードにつないで使用する

抵抗となってヘッドアップが難しい場合は、落水者を中心にヘッドダウンとジャイビングを行って1回転する間に逆ジブを張り、短時間のうちにヒーブツー状態にする方法を試みる。

③外洋でヨットを止めるには、ヒーブツーが最も効果的である。風下舷の舷側に落水者がいた場合、タックが変わると落水者が風上側になり、そのままでは引き揚げに望ましくない位置となるが、まずは短時間で艇を止めることを最優先する。

④呼吸を止めていられる時間は1～2分間なので、その間に艇をほぼ停止状態にできるかどうかが救助の成否を分ける。この間に自艇の状況に合った対処を、効果の見込める順に速やかに実行する。

⑤セールを揚げた状態でヒーブツーを保つことができれば、ローリングが減少し、スキッパーも操船を離れて引き揚げ作業に加わることができる。セールを降ろすと艇は大きくローリングするので、乗員の救助能力は

大幅に低下する。

⑥機帆走中の場合も、上記の手順でヒーブツー状態にして停船させる。落水者をプロペラで傷つけないために、エンジンのシフトはニュートラルにするか、もしくは停止する。機走中ならば直ちにヘッドアップして、シフトはニュートラルにする。

⑦腕力で落水者をデッキへ引き揚げることはできないので、落水者をつり上げるための、救助用テークルを準備しておく。落水者が意識不明となっていても、テークルがあれば、救助者が1人でもつり上げることができる。

⑧救助用テークルは、残っているハリヤードを使って、スプレッダーあたりまで上部を引き上げて使用する。

⑨落水者が着用しているライフジャケット（ハーネス）の胸についているリングへ、救助用テークル下部のフックをかける。

⑩テークルを引いて落水者をデッキ上へ引き揚げ、コクピットまたはキャビン内へ入れてから、けがや低体温症の手当てを行う。

　以上の内容は、青木ヨットスクールの落水者救助法研修会において、効果が検証されているものである。青木ヨットスクールでは、すべての実技コースで落水者救助法の実習訓練を行っている。乗員の安全を預かるスキッパーの責務として、クルーとも役割交代をして、全員が落水者救助法をマスターするまで練習を行いたい。そして、外部からの援助がない場面においても、乗員の安全を守るスキルを備えておいてほしい。

落水事故：筆者の体験

20年前には、外洋ヨットでライフジャケットを着ているヨット乗りは、ビギナーだと思われていた。現在では、ライフジャケットとセーフティーライン（命綱）を、多くの人が着けるようになっている。私はヨットスクールの校長として、今は安全装備の大切さを話す身である。しかしかつては、そんな装備はベテランには不要ではないかと、おごった考えを持つ一人であった。

1979年の1月、友人のクルーを乗せて沖縄から広島へ向かう航海の途中であった。ヨットは、後に太平洋周航に成功した池川富雄さんの25ft艇〈鷗盟〉号である。トカラ列島の西側海域を、黒潮に乗って屋久島を目指していた。糸満を出港して4日目、〈鷗盟〉号は15m/sの強い北西季節風を受け、ポートタックのビームリーチ（アビーム）でセーリングを続けていた。吹き続く季節風のため、波高は5mを超えている。

クルーの友人とステアリングを交代し、熱いコーヒーをいれるためにギャレーでお湯を沸かし始めた。友人のステアリングは、実に巧みである。ストームジブとツーポイントリーフのメインセールであっても、大波の中でスピードを維持してセーリングを続けている。

お湯が沸騰し始めたそのときであった。突然の大波を左舷から受けて、〈鷗盟〉号は横倒しとなった。やかんは吹っ飛んで太ももに当たったが、かっぱに守られてやけどは免れた。コクピットを見ると、友人の姿が消えている。消えた友人は、後方の波間に

浮かんでこちらを見つめているではないか。満水状態のコクピットには、座布団代わりに使っていたライフジャケットが浮かんでいたので、すぐに取り上げて投げた。すると、投げたうちの1着に泳ぎ着いて友人が胸に抱きかかえたのが見える。遠ざかっていく艇から手を振って合図したが、友人の姿はすぐに波間に隠れて見えなくなった。

見失った落水者を救うには、風位を頼りにして落水地点に戻る以外にない。そのままの帆走角度を保ちながら、タッキングに備えて行き足をつけるために遠ざかっていく。スピードに乗ったのを見きわめてタッキングをするが、タックが変わる前に波にたたかれて失敗した。2度目も失敗したので、ジャイビングに切り替える。そこからスターボードタックのビームリーチで進めば、来た道をもとに戻ることができるはずだ。はたして友人は、再び目の前に現れた。浮かんでいる友人に接近しながらヘッドダウンし、

風下からヘッドアップして、友人の風下側にぴたりと停止させた。すぐにボートフックを持ってバウデッキへ移ったが、その間にも艇は風に流され離れていってしまう。もうボートフックでは届かない。

これではだめだ。スターボードタックで遠ざかりながら考える。風下で止まっても、ヨットが風圧で流されて救助は不可能だ。落水者の風上で停止する以外に救助はできない。ジャイビングして、再びビームリーチで戻り始める。コクピットで立ち上がると、またも波間に浮かぶ友人の姿が現れた。今度は落水者の風上側へ停止し、風下舷へボートフックで引き寄せる。ガンネルを両手でつかんできたので、ライフラインの下側からかっぱをわしづかみにし、デッキへ足を引き上げる。そして次に上半身を引き上げた。強風下のヒーブツーで、風下舷が海面近くまでヒールしていたため、容易に引き上げることができた。

筆者の友人が落水。1人で救助しようと風下から接近してボートフックを使って落水者を確保しようとしたが、バウデッキに移動する間に、風と波でヨットが流されて届かなかった

荒れた外洋では、姿が見えなくなった落水者を発見して救助できる可能性は限りなく低い。友人をコクピットに引きずり入れて、二人で抱き合った。二人とも震えが止まらない。その後はライフジャケットとセーフティーラインを装着したまま航海を続ける。そして翌日、屋久島の一湊へ入港した。

落水者救助法の練習

セーフティーラインは、落水しても艇に体をつなぎ止めておくための装備である。外洋航海ではジャックラインをデッキの両舷へ張り渡し、セーフティーラインを全員が着ける必要性は誰もが知っている。しかし前項で解説した通り、セーフティーラインを装着していて落水が発生した場合は、直ちにヘッドアップした後、ヒーブツー状態にして艇を止める必要がある。引きずられている落水者は、呼吸ができずに溺死する危険があるからだ。

青木ヨットスクールの落水者救助法研修会で、インストラクターによる海上実験を行った結果、水面で引きずられる速度が3ktになると、落水者は呼吸ができなくなることが判明した。このような場合、落水者は呼吸を確保するために、セーフティーラインを自ら切り離す。

この結果は、セーフティーラインを装着していても、落水者が艇から離れてしまう可能性があることを示している。落水のような緊急事態ともなれば、ベテランスキッパーといえども冷静ではいられない。冷静さを保つためには、知識として落水者救助法を知っているだけではなく、繰り返し練習を行い、手順を身につけることが大切であ

8の字救助法

8の字救助法は、落水者の風上側に艇を近接させて、ぴたりと停船させるための技術である。クロースホールドからランニングまでのすべてのセーリング中の落水に適応し、落水者が意識を失っていても有効な救助法である。また、作業全体が最小限の労力で成り立っているため、残された乗員が1人の場合でも、落水者のもとに戻る操船に専念することができる。主要な手順は以下の通りである。

①「落水!」と大声で叫び、全員へ知らせる。ダンブイを投下する。なければフェンダーやライフジャケットなどの、手近にある浮くものを投げる。
②ほかにクルーがいるときは、見失わないように腕を伸ばして落水者の方向を次々と時計方位で伝えさせる。
③落水者に手を振り、助けに向かうことを知らせる。
④クロースホールドで走っていた場合は、セールトリムはそのままにして直ちにヘッドダウンする。ビームリーチで走っているときは、⑤を実行する。ブロードリーチやランニングのときはヘッドアップし、風上に対して落水者と同じ高さまで上る。
⑤ヘルムスマンは「ヒーブツー・タッキング用意!」と声を掛け、行き足をつけてタッキングする。
⑥タックが変わってもジブシートは入れ替えずに、ジブに裏風を入れたまま落水者の風下側を目指してヘッドダウンする。
⑦メインシートを緩め、落水者へ向かう。
⑧落水者を視認したら、風下からヘッドアップし、落水者の風上側でヒーブツーをして停船する。
⑨ボートフックで落水者を引き寄せた後、レスキュー用スリングや手近なロープで落水者を確保する。
⑩自力で艇に上がれない状態であれば、救助用テークルを取り出し、テークルの上側ブロックをハリヤードでスプレッダーの高さまで引き上げる。
⑪落水者を艇の上へ引き上げ、意識不明のときは救急蘇生処置を施し、救助機関へ救助を要請する。

クロースホールドで落水者が出た場合の航跡

風向

ビームリーチ（アビーム）で落水者が出た場合の航跡

風向

クイックストップ法

クイックストップ法は、落水後に短時間で停船させようとする技術であり、クロースホールドからビームリーチの風位では、いったんジャイビングして落水者へ接近する。風下へセーリングしているときなら、ヘッドアップして風上へ上り、その後落水者の風下からヒーブツー・タッキングを行って落水者の風上側に停船する。しかし多くの場合、この手法の停船位置は落水者まで距離があるため、レスキュー用スリングを引いて落水者の周囲を回る。8の字救助法に習熟した後にクイックストップ法を練習すれば効果的に習得ができるだろう。

**クロースホールドや
ビームリーチ（アビーム）で
落水者が出た場合の航跡**

風向

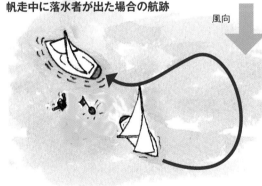

**ランニングに近い角度で
帆走中に落水者が出た場合の航跡**

風向

①「落水！」と大声で叫び、全員へ知らせる。
②クロースホールドからビームリーチでセーリングしているときは、「タッキング用意！」と声を掛け、直ちにヘッドアップしてタッキングする。
③レスキュー用スリングを投下する。
④落水者の風下側を回るために、「ジャイビング用意！」の声を掛ける。
⑤レスキュー用スリングが落水者に届かないときは、ジャイビングとタッキングを繰り返して、落水者の周囲を回る。
⑥落水者がレスキュー用スリングまたはそのロープをつかんだことを確認したら、落水者の風上でヒーブツーを行って停船する。
⑦レスキュー用スリングを落水者の胸に装着させる。
⑧艇の舷側まで落水者を引き寄せる。
　これ以降は、8の字救助法と同様の手順で救助する。

ファーストリターン法

ファーストリターン法は、いち早く落水者の近くまで戻るための技術である。8の字救助法と同じ手順であるが、落水者のすぐ間近で停船することが難しいとヘルムスマンが判断したときは、レスキュー用スリングを引いて落水者とコンタクトする方法を選択する。この方法は、機走時に落水が発生したときにも有効であるが、付属ロープをキールやプロペラに絡ませないように注意が必要である。

①落水者に接近したらレスキュー用スリングを投下して、付属するロープをすべて繰り出してスリングを曳航する。
②付属ロープは海面に浮く素材なので、落水者の周囲をジャイビングとタッキングを繰り返して旋回する。
　これ以降は、クイックストップ法と同様の手順で救助する。

これらの中では、8の字救助法が基本となる。それは、最も適応する状況の範囲が広いからである。落水者を、艇に引き上げ可能な位置で停船するまでの時間は短く、ヘルムスマンはステアリング操作に集中できるようシンプルに組み立てられている。落水者を見失った場合であっても、落水者の位置に戻れる可能性が最も高いのは8の字救助法である。

ほかの二つの方法は、レスキュー用スリングの使用を前提としていて、落水者につかませるという操作が必要である。しかし荒天下にロープを引いてきれいな弧を描くのは容易ではない。また波の中で落水者は、レスキュー用スリングやロープを視認しにくく、意識を失っていればレスキュー用スリングをつかむことができない。

緊急事態に直面すれば、誰もが恐怖に襲われ、不安、焦り、思考停止が順番に生じる。そのときに、スキッパーが冷静であるか否かが、落水者の運命を左右する。スキッパーは、全乗員が練習を重ねて落水者救助法に習熟することを重要な課題としてほしい。それによって、セーリングの技術に一層の幅と余裕が生まれることは間違いない。

る。落水者がセーフティーラインでつながっている場合と、艇から離れてしまった場合の両方を想定して、練習を重ね、自信をつける以外に方法はない。また救助用の装備であるダンブイやレスキュー用スリング、救助用テークルなどの操作法も熟練するまで訓練しよう。

落水が発生した直後にエンジンをかけ、セールを降ろして救助に向かうのは、港内や静穏な水面に限れば有効な方法である。しかし風と波がある海面では、セールを降ろ

している間に落水者を見失ってしまうことは、多くの事故例が示している。風位を目安として、セーリングで救助に向かうことが再発見につながり、救助の成功率を上げるのだ。

セーリングによる落水者救助法には3種類がある。その中で、まず初めにすべての基本となる8の字救助法を習得し、その後に他の二つも訓練しておくべきであろう。手順に従って声を出して練習すると効果的である。

長期クルージングの途中で、寄港する港がマリーナである場合は、桟橋へヨットを横着けすることができる。しかし予定はしていなくても、漁港や商業港湾へ入港を余儀なくされる場合は多い。マリーナ以外に入港するときは、スターンからアンカリングして、コンクリートの岸壁へバウから舫い（もや）ロープを取ることを考えておかねばならない。横着けできる広く空いている場所は、荷降ろし場や給油岸壁など、一時的な利用を前提としていることが多いからである。このような場所でなくとも、港の関係者に許可を得た場合を除いて、外来艇が広く岸壁を占拠して横着けすることは、遠慮したいものである。

日本では、スターンからアンカー（錨）を打つ槍着けが一般的である。槍着けや艫（とも）着けは、ベテランスキッパーにとっても難しい技術である。十分に練習を積み、確実に手順を覚えてほしい。

アンカーの特性と選び方

自分の艇に搭載するアンカーは、どのように選ぶべきであろうか。アンカーは、その形状とアンカリングする場所の底質によって効果が大きく異なってくるので、それぞれの特性を把握することが大切だ（表1、表2参照）。アンカーが効きすぎると、揚げるのに苦労するという考え方もあるが、それ

表1：アンカーのタイプと底質別の効果

タイプ／底質	泥	砂	礫（小石）	岩	海藻
フィッシャーマンズタイプ	×	△	△	○	○
プラウタイプ	○	○	△	△	△
ダンフォースタイプ	○	○	×	×	×

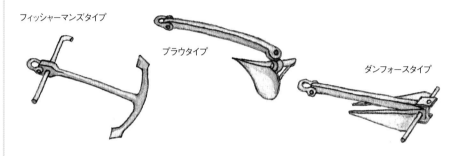

フィッシャーマンズタイプ
プラウタイプ
ダンフォースタイプ

表2：アンカーのタイプによる把駐力と特性の違い

タイプ	把駐力	特性
フィッシャーマンズタイプ	低	大きくて重い古典的なアンカー。使用する前に、折りたたんであるストックを組み立てる必要がある。
プラウタイプ	中	重くてフルークが大きく、動き回るので保管しにくい。そのためバウのアンカーローラーへ常時装着する。
ダンフォースタイプ	高	軽量でフラットな形状のため、収納しやすい。力がかかると反転して、簡単に走錨する製品があるので注意が必要。

表3：アンカーロードと舫いロープのサイズ

艇のサイズ	アンカーロープの太さ	アンカーロープの長さ	舫いロープの長さ	アンカーチェーンのサイズ
25ftまで	12mm	40m×1本	15m×2本	6mm
30ftまで	14mm	50m×1本	20m×2本	8mm
40ftまで	16mm	60m×1本	20m×2本	9mm

**ダンフォースタイプの
アンカー各部名称**

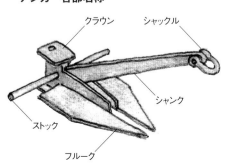

クラウン　シャックル
シャンク
ストック
フルーク

アンカーロードとスコープ
水深とアンカーロードとの比率をスコープと呼ぶ。水深6mでスコープ6とすると、アンカーロードの長さは36m。ただし、アンカーロードの長さは水面に浮いている部分は含まずに計算する

アンカリングと槍着けの手順

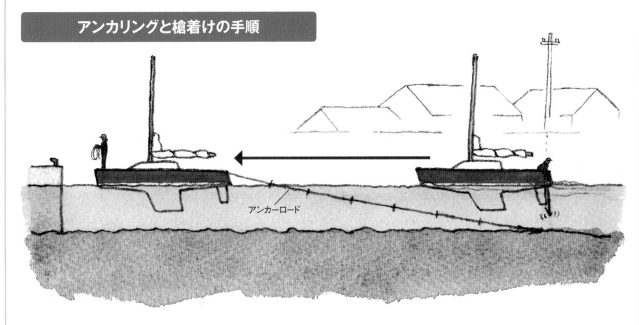

アンカーロード

初めての港へ入港するときは緊張する。そんなときに平常心を保つためには、決まった手順を踏むことが大切だ。スキッパーとして大切なポイントは、余裕のある水面でクルーと手順を確認し、準備が整うまではアンカリングを開始しないことだ。アンカリングは一度で成功させなければならない。失敗すれば岸壁に衝突することもある。横に並んで係留している他船のアンカーロードをまたいで、自分のアンカーを打ってしまうこともある。入港して安心するのではなく、着岸し舫いロープを固めるまで、油断してはならない。

一度で成功させるためには、以下の準備と手順を守ることが大切である。

①入港後は港内を周回して、適切な着岸場所をスキッパーが選択する。わからないときは近くにいる人に聞く。他船で混雑している場合は、港口に近いところへ仮着けして上陸し、港の関係者に着岸場所の相談をする。
②着岸場所を決定し、アンカリングのコースをたどって接近する。
③岸壁上の係船金具や、隣接する他船のアンカーロードの設置方向を観察する。
④風上がどちらであるかを把握して、1番舫いが右舷側か左舷側かを判断する。
⑤自艇の全長を使ってスコープ6となる地点を決めるために、進入コースの左右を見て、電柱や樹木、防波堤の継ぎ目などを利用して見通し線を定める。
⑥いったん余裕のある水面へ離脱し、アンカリングの準備を開始する。
⑦舫いロープを2本取り出し、先端をバウのパルピットの下をくぐらせてから、クリートへ固定する。ロープの反対側は、バウデッキへフレークダウンまたはコイルダウンする。
⑧フェンダーを両舷に取り付け、ボートフックを用意する。
⑨アンカーとアンカーロードを取り出し、コクピットに置く。
⑩アンカーロードの先端にボーラインノットで輪を作り、ジブシートウインチへかける。

⑪アンカーロードを先端（艇）側から、コクピットのシート上へフレークダウンまたはコイルダウンする。
⑫アンカーをスターンのパルピットの下をくぐらせて水面まで下ろし、その位置でアンカーロードをクリートへ仮止めする。
⑬以上の準備が整ったことを確認し、なるべく遠くから岸壁に対して直角となるようにアンカリングコースへ進入を開始する。
⑭アンカーロードの仮止めを外して、ロードを片手で保持する。
⑮スコープ6で定めた位置でアンカーロードを手から放し、艇の行き足に合わせてもつれないように繰り出す。
⑯バウが岸壁から1～2mほどのところまで接近したときに、アンカーロードをクリートへ仮止めする。
⑰ボートフックを持ってバウへ移動し、1番舫いを持って岸壁へ上がる。
⑱1番舫いの先端を岸壁上の係船金具へ結び、艇に戻ってバウが岸壁から1～2mほどの距離となるように舫いの長さを調節する。
⑲コクピットへ戻り、反動をつけてアンカーロードを全力で引き、走錨しないか確かめた後、クリートへ止める。
⑳2番舫いをとり、艇が岸壁と直角となるように舫いロープの左右の長さを調節してクリートへ止める。
㉑潮位を確認し、舫いロープの長さを3～6mに調整しておく。
㉒舫いロープとアンカーロードの余りを、デッキへフレークダウンまたはコイルダウンする。
㉓他船がすぐ後方を通行するようであれば、アンカーウェイト（モニター）を設置してアンカーロードを深く沈める。

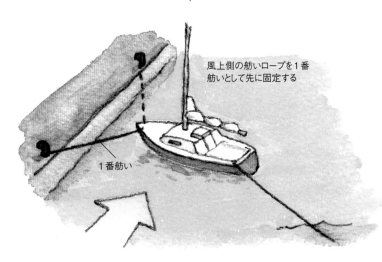

風上側の舫いロープを1番舫いとして先に固定する

1番舫い

は誤解である。アンカーが十分に働かない場合、槍着けではコンクリートの岸壁にバウが当たり損傷する。隣接する他艇にぶつかるかもしれない。効果的な揚錨法をマスターした上で、アンカーをできるだけよく効かせることに努めるべきである。

1954年、日本海難史上最大の惨事となった〈洞爺丸〉の座礁転覆事故も、2018年に関空連絡橋へ衝突したタンカーの事故も、直接の原因となったのは走錨である。走錨をしない高い把駐力、それがアンカーに求められる性能である。

ダンフォースタイプは、軽量で把駐力が高く収納が容易なので、ヨット用のアンカーとして普及しているが、性能がよくないものもある。多くのダンフォースタイプの製品が紹介されている中で、中村技研工業製のバルカンアンカーは、把駐力が優れたアンカーであった。生産が再開されることを願うばかりである。

アンカーロードの選び方

アンカーに取り付けるアンカーチェーンとアンカーロープを合わせて、アンカーロードと呼ぶ。大型商船やパワーボートでは、アンカーロードが全てチェーンである場合が多い。しかし中型までのヨットでは、重量の制限と取り扱いやすさを考慮し、アンカーロープだけ、またはロープとチェーンを組み合わせてアンカーロードとする。

チェーンはアンカーのシャンクへ、シャックルで取り付ける。アンカーの材質は、多くが溶融亜鉛メッキを施した鉄製である。ステンレスのシャックルでアンカーとチェーンを連結すると、電食作用によってアンカーとチェーンに腐食が進行する。したがって、チェーンもシャックルもアンカーと同じ材質を使用する必要がある。

アンカーロープに使われる素材には、クレモナ、ポリエステル、ナイロン繊維などがある。他船の航行の妨げにならないように、海水より比重が重い材質が選ばれる。また、海底の岩や艇のチョック（フェアリーダー）などでこすれるので、摩擦に強い繊維が望ましい。3種類のうちでは前者ほど耐摩耗性が優れている。ロープの編み方では、八つ打ちもしくは三つ打ちが、アンカーロープに適している。適切な太さと長さについては、132ページの表3を参照してほしい。荒天時にはワンサイズ上が必要となり、長距離航海では2セット以上を装備する。

アンカーロードのスコープ

適切なアンカーロードの長さを判断するために、アンカリングする場所の水深を事前に把握する。水深と底質は海図やSガイドに記載されているので、航海計画を立てるときに、あらかじめ調べることができる。

スコープとは、水深とアンカーロードの長さとの比率のことである。水深6mでスコープを6とすると、ロードの長さは36mとなる。スコープが6のとき、アンカーロードがぴんと張った場合に海底となす角度は、約10度である。アンカーのフルーク角は35度から40度であるから、10度を引くと海底に対して25度から30度となり、スコープ6を確保することが適切であると考えられる。

揚錨の手順

投錨に比べると揚錨の手順は容易であり、失敗も少ない。揚錨のポイントは、海底にしっかりと食い込んでいるアンカーを、腕力で引き抜こうと考えないことだ。ヨットの行き足を利用してアンカーのフルークを海底から引き起こし、アンカーの重量だけを引き上げるようにすれば、40ft艇のアンカーまでなら人力で揚錨することが可能である。
①設置していたアンカーウェイトを回収する。
②岸壁に上り、バウからとった舫いロープの風下側を解き、風上側の舫いロープの下をくぐらせてバイト（行って来い）に取り直す。
③バイトに取った舫いロープを残し、元の舫いロープは解いて艇に回収する。
④艇に戻り、バイトの一端を解くと同時にアンカーロープを引いて艇を後進させる。
⑤風向風力によっては、エンジンで艇を後進させる。
⑥アンカーロープを手繰り寄せながら、コクピットへフレークまたはコイルダウンする。
⑦アンカーロードが垂直になる位置まで後進したところで、ロープをクリートへ仮止めする。
⑧そのまま行き足に任せて後進し、アンカーが艇に引き起こされて海底から抜け、アンカーロードにかかる力が急に軽くなることを確認する。
⑨アンカーロードを手繰り寄せて、フレークまたはコイルダウンする。
⑩アンカーが見えてきた後、しばらく曳航して付着した泥などを洗い流す。
⑪アンカーを回収し、収納する。

もし⑧の段階でアンカーが軽くならないときは、海底の岩や他船のアンカーロードに引っ掛かっている恐れがあると判断する。腕力は使わずに、シートウインチにアンカーロードを巻きつけて引き揚げてみる。海面近くまでアンカーが揚がるときは、引っかけたロープをボートフックで取り外す。まったく揚がらないときは海底に引っ掛かっているので、艇をローリングさせてフルークを引き起こす。それでもダメなときは潜水して取り外す。

離着岸とアンカリングは、ヨット乗りの腕の見せどころである。大声を出すことなく、沈着冷静に手順通りの作業をする姿に、スキッパーの風格が表れてくる。艇の責任者として、最高の技術を備えるまで練習を重ねたい。

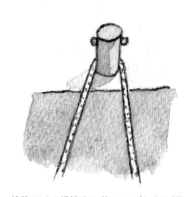

槍着けからの揚錨時は、舫いロープをバイト（行って来い）に取り直す

揚錨時にはアンカーロープが垂直になる場所まで艇を後進させて、水中のアンカーを引き起こす

出入港の五つのマナー

長距離クルージングの途上で嵐と戦うときは、スキッパーのセーリング技術が問われる。同じようにスキッパーにとって腕の見せどころとなるのは、出入港のときである。沖合の孤独な戦いとは違い、港には観客がいる。港の片隅で出入港をじっと眺めている観客は、ベテランの漁師であったり、プロの船乗りであったりする。彼らは港の一角にたたずみ、出入港する船をみて、スキッパーの腕前を観察して評価しているのだ。

セーリングヨットの入港は、多くの港で珍客の到来とみなされる。観察するのは、相手との対応距離を選択するための常とう手段である。彼らが評価したあなたの腕前は、漁港ならばたちまち漁業組合へ伝わり、漁師の間に広がる。小さな港町なら、半日もたたないうちに近隣の食堂や食料品店へと広まっている。上陸して買い物に行ったときには、思いもかけない質問が待ち受けているだろう。

疲れ果てて入港した場合であっても、入港時のマナーを守り、落ち着いた手際のいい着岸をして、観客に安心してもらいたいものである。人の手を借りたり、他船に迷惑をかけたりすることなく、自分たちで安全に着岸できる技術とマナーを備えることは、長距離航海に出るための必須の要件である。

出入港の技術は、練習を重ね、手順を身に付けることで習得することができる。ビジターとして他港を訪問する際のマナーは、以下の五つであると心得てほしい。

相手艇の許可なく、他船に横着け（横抱き）することは避けなくてはいけない。自分の留守中に他船が先に出航する場合には、係留ロープを放されても文句は言えない

1. 港内に係船するときは関係者の了解をもらう

マリーナや海の駅へ寄港するなら、事前に予約すればビジターバースが用意されている。しかし漁港へ寄港する場合には、空いていると思い係船したその場所は、帰ってくる漁船の係船場所であるかもしれないと考えよう。入港したら港内を巡回し、出入り口に近い、港の外れに仮着して、どこへ泊めればよいのか、近くにいる漁師に聞くとよい。もしくは漁業組合を訪ねて、係船に適した場所を教えてもらう。この手間を省くと、真夜中に怒鳴り声で起こされ、暗闇の中で艇を移動させることになりかねない。

2. 他船に横着けするときは、相手船の了解をもらう

もし、了解を取らずに他船に横着けしたとしたら、その相手船は、あなたが上陸している間に出港するかもしれない。戻ってみると、あなたの舫いロープは外されて、艇は港内を漂流する運命となる。知らない間に横着けされるのは、誰でも見ただけでも気分を害する。無断で他船に舫いを取ることは、決してしてはならない。

3. 自艇の舫いロープは、一番下に取る

他船の舫いロープの上に、自艇のロープを取れば、その他船が出港しようとすると

すでに他船が使用しているビット（係船柱）などに舫いロープを取る場合には、自分のロープが一番下側（内側）になるようにする

このように余った舫いロープを桟橋や岸壁に余らせておくのは、通行人のじゃまになるので好ましくない。仮留留した後にロープを取り直し、自船側にロープを余らせるようにする。こうすることで、潮位の変化にも対応しやすい

きに外されてしまう。舫いロープを解くことができない場合は、あなたのロープが切り離されても文句は言えない。これは艇種を問わず、大型船から漁船、ヨットやボートまで当てはまる鉄則である。だからといってあなたが他船の舫いロープを外して放置することを認めるわけではないが、自分がそうされないように、自艇の舫いロープは一番下に取ること。

4. 舫いロープの余りは艇側に

舫いロープの途中を係船金具へ結び、余ったロープを岸壁や桟橋へ放置してはいけない。桟橋や岸壁は、人が通行する通路である。あなたが放置したロープに、誰かが足を取られるかもしれないからである。また潮の干満などによってロープの長さを調節することがある。艇側のロープに余裕があれば艇の上からでも容易に調節ができる。

5. フェンダーは入港後に取り付け、出港時は港内で収納する

入港時の港口付近は他船の往来が多く、ワッチに注意を割かねばならない。また不規則な波が起こる場所でもあるので、着岸準備はすべて入港後に港内で行うことを心がけよう。

反対に出港するときは、港内でフェンダーを外して収納する。港外でフェンダーをぶら下げたまま走っているヨットやボートを見かけるが、フェンダーは波にあおられて結び目がほどけてしまいがちだ。流されたフェンダーはロープが他船のプロペラに絡みつく恐れがあり、迷惑千万である。

岸壁への横着け 係留の手順

前項では、アンカリングして槍着けする手順を解説した。今回は、横着け係留の許可が得られた場合に、手際よく着岸するための手順を解説する。見事な着岸の条件は「慌てない」「大声を出さない」「一度で決める」の3点である。一部を除いて、多くのヨットはエンジンを装備しているので、ここでは機走による着岸の手順を述べる。しかし機走ではあっても、離着岸の技術は艇の運動に影響を与える風圧を最大限に利用するので、この手順をマスターすれば、たとえエンジンが故障した場合であっても、セーリングで着岸をすることが可能となる。

1. 港内を低速で巡回する

港口は船が輻輳し、波も立ちやすい場所であるので、入港してから着岸準備を行う。2ktくらいの低速にして、港内を何周かは巡回する。2ktを下回る微速だと風圧によって意図しない側に流されることがあり、舵利きを保てない。

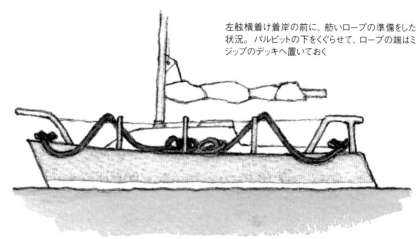

左舷横着け着岸の前に、舫いロープの準備をした状況。パルピットの下をくぐらせて、ロープの端はミジップのデッキへ置いておく

2. 着岸場所を決める

巡回中、横着け着岸ができそうな場所を選び、係船金具の種類と位置を確認する。左舷着けにするか右舷着けにするかを判断し、艇に受ける風位を観察する。最初に取るべき1番舫いが、バウからなのかスターンからなのか、風位に応じ判断する。

3. 舫いロープを用意する

左舷着けの場合は、左舷のバウとスターンに1本ずつの舫いロープを用意する。舫いロープの先端から1艇身のところをクリートヒッチで留める。舫いロープの先端は、係船金具がビットの場合は、金具に入る大きさにしてボーラインノットで輪を作っておく。バウラインは、パルピットの下をくぐらせた後、シュラウドの外を通して左舷のミジップ付近のサイドデッキ上にまとめておく。スターンラインは、パルピットの下をくぐらせた後、バウラインのすぐ後ろにまとめておく。

4. フェンダーを用意する

フェンダーを3本取り出し、艇の全長を4等分した位置に3本を配置して、着岸する側のライフラインに結びつり下げる。ポンツーン（浮桟橋）に着ける場合は、1/3がポンツーンより上に出る高さにする。岸壁へ着ける場合は、フェンダーの1/4がガンネルより上に出るように結ぶ。残りのフェンダーは、コクピットへ仮置きしておく。

5. ボートフックを出しておく

ポンツーンや岸壁を押すためのボートフックを取り出し、スキッパーの手が届く範囲に出しておく。手や足を使って押すと挟まれることがあるのでボートフックを使うこと。

港内に入ってから落ち着いてフェンダーを3本つり下げる。港外で航行中にフェンダーをぶら下げているのは見苦しい

6. 着岸場所に接近する

ここまでの準備を整えてから、着岸場所へ向かう。風位にかかわらず、艇は着岸場所と平行になるように、フェンダーが接するまで接近してぴたりと止める。

7. 舫いロープを取る

舫いロープを取る手順は、風位によって異なるので、港内を巡回中に観察して1番舫いがどちらになるのかを判断しておく。風位が海側で、バウが風上側となる場合は、1番舫いはバウラインとなる。スターンが風上の場合は、スターンラインが1番舫いとなる。

①艇が停止するのを待って、1番舫いを手に持ち、ミジップから岸壁へ降りる。慌てて飛び降りないことが肝心だ。
②1番舫いの先端を、係船金具に応じた結び方で留める。相手がビットならば、あらかじめ作っておいた輪をかける。
③前後の余裕が少ない係船場所であれば、すぐに自艇へ戻り、風圧で後ろへ下がらないように、1番舫いを短く調節してクリートへ結ぶ。1番舫いを取れば、もう艇は移動しないので一安心である。
④次に2番舫いを持って降り、ロープの先

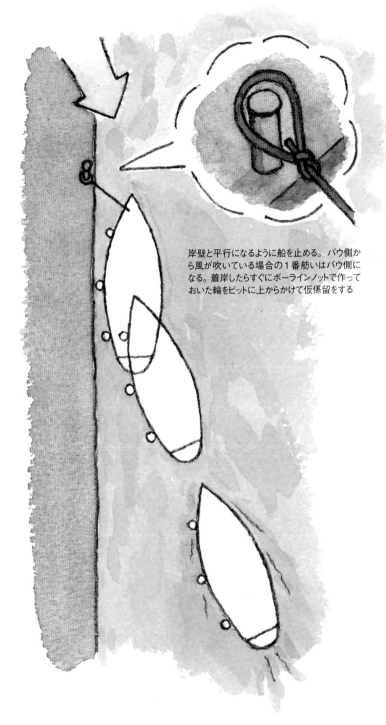

岸壁と平行になるように船を止める。バウ側から風が吹いている場合の1番舫いはバウ側になる。着岸したらすぐにボーラインノットで作っておいた輪をビットに上からかけて仮係留をする

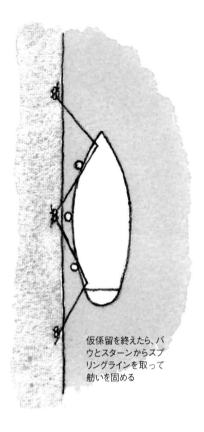

仮係留を終えたら、バウとスターンからスプリングラインを取って舫いを固める

①スプリングラインを取る前に、1番舫いと2番舫いが、他船のロープの上を通っていたなら、下側（内側）に通し直す。

②風位がアビームよりもバウからのときは、まずスターンスプリングを取る。

③艇が岸壁や桟橋と平行になるように、4本の舫いロープの長さを調節する。

④岸壁の場合は舷側を1mほど離し、ポンツーンの場合は0.5mほどの余裕を見て舫いロープの長さを調節する。

⑤接岸している反対舷に、フェンダーを3本つり下げる。これは他船が急に接舷したときの備えである。

⑥上陸する前に潮汐表を調べて、舫いロープの余裕が十分かを確認する。

以上の手順は、まずはホームポートなどマリーナの浮桟橋で練習することをお勧めする。機走での着岸でも、その手順は船体にかかる風圧を利用することで成り立っている。桟橋へ押し付けられる風位の場合は、着岸は比較的容易である。手順を守り、練習をすることで、シングルハンドでも容易に着岸ができるようになる。

ほかの港へ出かける前に、まず離着岸法をマスターして、旅先の港では見事なビジターぶりを示すようにしたいものである。

端を係船金具へ結ぶ。岸壁側からの風位のときは、2番舫いまでは急いで取る。

⑤自艇へ戻り、ロープの長さを調節してクリートへ結ぶ。

⑥フェンダーの高さと位置を調節する。

以上の手順を終えれば一安心である。これで仮着けは完了だ。短時間の係留で、艇を離れないときは、これで十分である。ほっとする前に係留の許可をもらいに行こう。その場所で係船の許可が得られた場合は、舫いを固める（次項参照）ため、さらにスプリングラインを取る。

8. 舫いを固める

バウラインとスターンラインの2本の舫いロープだけで係船すると、風圧や波の力で艇が前後に移動する。これでは舷側と岸壁が接触する恐れがあるので、前後の移動を最小限にするために、バウとスターンにスプリングラインを取る。これを「舫いを固める」という。艇が前後に移動すると、フェンダーは貝などに擦られて容易にパンクする。短時間の一時係留を除いて、艇を離れる場合には、必ず舫いを固めておかねばならない。

風位によって使い分ける
岸壁からの離岸法

　スキッパーにとって、出入港の技術が大切であるのは、これまでに述べたとおりである。「慌てない」、「大声を出さない」、「一度で決める」を目標に、スマートな離着岸をマスターしてほしい。

　スキッパーもクルーも人間である以上、ミスや誤解が生じる可能性は常にある。分かり合っているつもりでも、お互いの間に小さな勘違いや思い込みがあって、細かな部分の認識のズレに気づかずに作業に入ると、離着岸の現場で怒鳴ったり慌てたりすることにもなりかねない。そうならないために、スキッパーは乗員全員に事前に手順を説明し、具体的で分かりやすい指示を伝えておくべきである。その上で、クルーの意見や質問を引き出し、全員の共通理解と意思統一がなされていることを確認する必要がある。

　そして、個々の乗員のスキルがそれぞれの持ち場で十分に発揮されるように、でき

photo by Kazuhisa Matsumoto

着岸する場所の状況と風位を見きわめてからアプローチする

るだけ丁寧に準備を行いたい。日頃から他艇の離着岸を観察することも、自艇の手順を客観的に振り返る上で役に立つであろう。

　今回は、比較的容易な「風下離岸法」と、高度な操船技術を駆使する「風上離岸法」について解説する。

風位と艇の回転運動

　風位とは、ヨットに対する風向である。モーターボートや漁船とは異なり、ヨットには大きな風圧を受けるマストがある。そして水中には、大きな側面積を持つキール

水の上のヨットには、常に風圧の影響で回転しようとする力が働いている。マストより後方にキールがあるので、常にバウが風下に向かおうとする

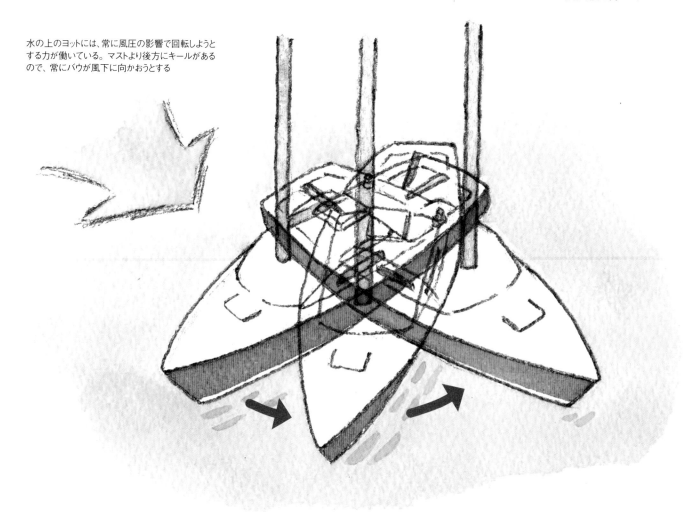

風下離岸法の手順

①エンジンを始動して暖機運転を行う。

②セーリングの準備をする。

③ボートフックをコクピットに用意する。

④バウラインをバイトに取り直す(艇からロープの一端を引けば、岸壁へ降りずに取り込むことができるように、二重にロープを取り回すことを「バイトに取る」という)。

⑤岸壁側のバウとスターンのスプリングラインを外して、パルピットまたはライフラインの下側からデッキへ収納する。

⑥岸壁側のスターンラインを外して、パルピットの下側からデッキへ収納する。

⑦艇に戻る。

⑧スターンが後方の他艇をクリアできる位置まで回頭するのを待つ。

⑨エンジンのギアを、後進微速へ入れる。

⑩バイトに取ったバウラインの上側をクリートから外して、反対側からロープをたぐり寄せる。

⑪岸壁から離脱したら、直ちに舫いロープをコイルアップして収納する。

⑫フェンダーをすべて取り外して収納する。

⑬メインセールを揚げて、機帆走で出港する。

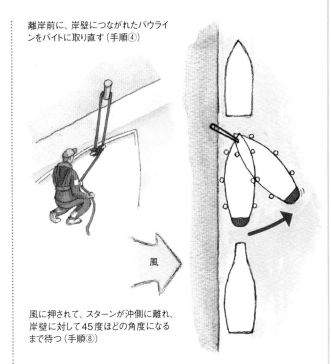

離岸前に、岸壁につながれたバウラインをバイトに取り直す(手順④)

風

風に押されて、スターンが沖側に離れ、岸壁に対して45度ほどの角度になるまで待つ(手順⑧)

photo by Jun Nakajima (Kazi)

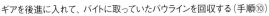

ギアを後進に入れて、バイトに取っていたバウラインを回収する(手順⑩)

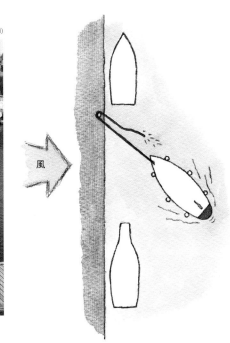

風

　風位がアビームから斜め後ろのときは、④⑥⑧⑩のバウとスターンを入れ替えて読み、⑨のギアを前進微速と読めば、同じ手順で離岸できる。

　またエンジンが使用できないときは、④のバウラインをバイトに取った後に、メインセールを揚げる。メインセールはシバーさせてお

けば、風圧によって艇は離岸するので、十分離岸してからセーリングを開始する。風位がアビームから斜め後ろの場合は、同じく④の次にジブを揚げて裏風をはらませると、バウは急速に風下側へ回頭する。

　なお機帆走での航行は、外国船が出入りする特定港であっても港則法には抵触しな

い。港則法の適用港内では、港則法16条2項にある通り、「帆船は、港内では、帆を減じ又は引船を用いて航行しなければならない」。メインセールまたはジブだけでセーリングすることは、帆を減じた状態であるので法にかなっている。ただしマリーナなどでは、ローカルルールを確認することをおすすめする。

がある。キールがマストよりも後方にあるので、ヨットのピボットポイント（艇が回転する中心点）は、マストよりも後方となる。従ってマストに受ける風圧は、常にヨットのバウを風下側へ回転させようとする。

その影響は、風が強いほど、艇のスピードが遅いほど大きくなる。離着岸は低速で行うので、風位を把握し風の影響を利用して、艇の動きを的確にコントロールすることが重要となる。風位は、前後左右に斜めを加えた8方位で考えると、艇の挙動をつかみやすい。マストヘッドの風見や、風にたなびく旗などを観察して風位を確認し、風上へ離岸するのかそれとも風下へ離岸するのかを選択する。

比較的容易な
風下離岸法

風位が岸壁側からのときは、風下側の水面へ離岸するので危険性は少ない。しかし前後に他艇が係留しているときは、精度の高い操船をするために、舫いロープを外す手順を必ず守ろう。風位が斜め前からアビームまでのときは、風下離岸法の手順となる。バウまたはスターンから、艇と平行に強風が吹いているときは、風上離岸法に切り替えないと離岸は失敗する。

風上離岸法とは

「風上離岸法」は、難しい状況を打開する画期的な離岸法である。海側から吹く風の風圧によって、艇が係留しているポンツーンや岸壁へ押し付けられて、ボートフックでいくら押しても離岸ができない状況下で行う離岸法だからである。風圧で岸壁へ押し付けられた状態では、前後進を繰り返しても離岸はできない。岸壁とハルとの間に挟まれたフェンダーは、前後進で巻き上がりハルは傷だらけとなるだろう。

また自艇の前後に隙間なく他艇が係留し、離岸のために前後進する余裕がない場合にも「風上離岸法」が有効である。艇を横へ移動させるスラスター装置が壊れたときでも、「風上離岸法」を使えば容易に離岸できる。

このような悪条件がそろっていても使えるのだから、この方法をマスターすれば離岸は怖くなくなる。手順を理解し、10回の練習を行えば誰もがマスターできる技術である。シングルハンドでもできる、応用範囲の広い離岸法を身に付けよう。

風上離岸法は、ラダーの角度を変えて、プロペラからの水流の方向を変化させる。そして方向を変えた水流の推進力を利用して、風圧で岸壁に押し付けられる艇を岸壁から離脱させる方法である。そのため、エンジンを使えない場合は、風下離岸法に適した風向に変化するまで待機しよう。

風圧で艇が岸壁に押し付けられている状態から離脱するのは難しいが、この前進離岸法を手順にそって行えば、小型から大型まで、ヨットで危なげない離岸が可能である。

アンカリングと離着岸法の解説を行ってきたが、ぜひ身に付けていただいて、長距離航海の途上で寄港した折には、熟練した見事な離着岸を披露してもらいたい。

沖から岸壁に向かって強い風が吹いている場合は、艇が岸壁に押し寄せられて、なかなか離岸できないだけでなく、場合によってはフェンダーがずれて艇が傷だらけになってしまう

風上への離岸手順

①エンジンを始動して暖機運転を行う。

②セーリングの準備をする。

③沖側のフェンダー2本を外し、岸壁側のバウへ移動する。

④ボートフックをコクピットに用意する。

⑤バウスプリングラインをバイトに取り直す。

⑥岸壁側のスターンスプリングラインを外して、パルピットまたはライフラインの下側からデッキへ収納する。

⑦艇に戻り、エンジンのギアを前進微速に入れる。

⑧岸壁側のバウラインを外して、パルピットの下側からデッキへ収納する。岸壁側のスターンラインを外して、パルピットの下側からデッキへ収納する。

⑨艇に戻り、風が強いときは前進低速にする。

⑩ティラーを風上いっぱいに切り、ラダーで曲げた水流の力でスターンを風上へ移動させる。

⑪艇が岸壁に対して45度となり、スターンが後方の他艇をクリアできる位置まで回頭するのを待つ。

⑫エンジンのギアを後進半速へ切り替える。

⑬同時にティラーを中央に戻す。

⑭バイトに取ったバウスプリングラインの上側をクリートから外して、反対側から艇の上にたぐり寄せる。

⑮風が強いときは、風圧でバウが岸壁へ吹き戻されるので、エンジンのギアを後進全速にしてすばやく離脱する。

⑯岸壁から離脱した後、直ちにギアを前進低速にして港内を航行する。

⑰安全な港内海面へ出た後、舫いロープをコイルアップして収納する。

⑱フェンダーをすべて取り外して収納する。

⑲メインセールを揚げて、機帆走で出港する。

離岸前に、バウの先端付近にフェンダーを追加し、バウスプリングラインをバイトに取り直す（手順③⑤）

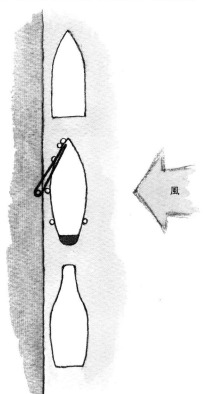

photo by Jun Nakajima (Kazi)

ティラーを大きく沖側に切って、ラダーで曲げた水流によってスターンを岸壁から離す（手順⑩）

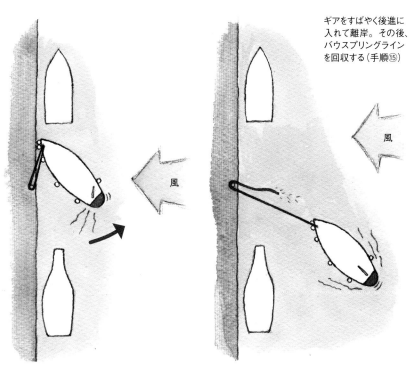

ギアをすばやく後進に入れて離岸。その後、バウスプリングラインを回収する（手順⑮）

風

45

4章

外洋航海に適した船

外洋艇の性格と見分け方

ヨットには、艇の大小にかかわらず固有の性格がある。「じゃじゃ馬」や「へそ曲がり」、「頑固者」、これらの性格付けはヨットの設計家である故横山 晃氏の分析だ。穏やかな風や平穏な海面では、隠れた性格は出てこない。ところが、普段は素直で言うことを聞いていたフネが、いったん嵐に遭遇すると、突然豹変することは多い。

そうしてみると、嵐の中でも「素直」な操縦性を保つフネは、貴重な存在である。極限状態でセーリングすれば、余裕がなくなったスキッパーはミスを犯す。そんなとき、「素直」な性格のヨットは、スキッパーをリカバーしてくれるだろう。

ここでいうヨットの性格は、リグとハルとの組み合わせによって決まる。

ハルの形状とヨットの性格

外洋ヨットというフネの性格を決定する二大要素は、リグとハルである。リグの違いについては前項で検討したので、ここではハルの形状（船型）とヨットの性格について考えてみたい。

どんなヨットにも個性がある。ヨットの個性とは、大きさや外観だけではない。

個性は癖と性格によって形づくられる。なくて七癖といわれるほどに、フネ固有の癖はあるが、それを経験するチャンスは少ない。ヨットの性格は人間と同じで、平穏なときは隠れていて、嵐のときに現れるからだ。

長距離航海では、ヨットは苦楽を共にする相棒となる。突発的な状況も考えられるので、やはり相棒の癖と性格を、普段から知っておく必要があるのではないだろうか。

ここでは静止時や、エンジンで機走している状態での癖と性格を取り上げるのではない。セーリングしているときに、強風や波浪の中で突然現れる、艇固有の運動性能の特徴をまず取り上げる。

フネの癖は運動性能に現れる

セーリング中の艇の運動は、ピッチング、ローリング、ヨーイングの3種類に分けることができる。これら3種類の運動要素の現れ方が、ヨットの性格を形づくる。

①ピッチング

ピッチングは、波によって艇が縦方向に上下に揺れることをいう。波浪の中を、ク

座礁や落水、マスト折損などの事故に備えて、自力で対応できる準備と技術がスキッパーに求められる

リグ（帆装）の種別による特色

ヨットを所有するときは、メーカーのラインアップから、予算に合わせて艇を選ぶ場合がほとんどであろう。自作する場合や、注文艇をカスタムビルドするときを除けば、自分の好みでリグを変更することは難しい。

しかし、ヨットのメインエンジンであるリグの特色を理解することは、自艇の性格を把握する上でも重要だ。長距離離航海においては、ヨットは危険を共に乗り越える相棒である。人生の伴侶を選ぶときに、相手の性格

に無関心ではいられない。ヨットの性格を決定する二大要素はリグ（帆装）とハル（船体）であり、その特色を理解しておくことが大切である。

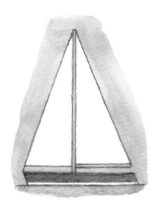

① マルコーニ・スループ

マルコーニ・スループは、三角形のメインセールとジブを装備した、現代では最もポピュラーなリグである。50フィートくらいまでのほとんどの艇は、このリグだ。その利点はシンプルさと、効率のよさにある。

セールが三角形なので、操作をするハリヤードとシートは1組ずつでよい。

セールのアスペクト比を高くできるので揚抗比（揚力と空気抵抗の比）が上がり、セールとしての効率がよくなる。従ってクロースホールドでは、より風上に高く上ることができる。右のマストヘッド・リグと、フラクショナル・リグがある。

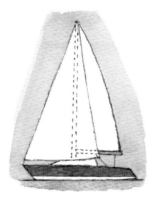

② マストヘッド・リグ

フォアステイの頂部をマストヘッドから取った、マルコーニ・スループである。ジブのヘッドがマスト頂部まで上がるので、ジブの面積を大きく取れる。メインセールの面積は、ジブよりも相対的に小さくなる。

ジブシートは、メインシートのようにテークルを使わない。1本のシートで操作するので、大きな腕力を必要とする。30フィートクラスまでなら1人でもジブシートを扱えるが、大型艇となると人数が必要となる。大面積のジブは、風力の変化に合わせて頻繁に交換する必要がある。しかしジブファーラーを装備することで、交換の煩雑さを回避することが可能だ。

③ フラクショナル・リグ

フォアステイを、マスト頂部から下がった位置に取ったマルコーニ・スループである。マストヘッド・リグに比べて、ジブの面積が小さくなり、メインセールの面積が大きくなる。マストのベンドをコントロールしやすいので、レーサーが採用している。

シュラウドを正横よりも後方に取れば、ランニングバックステイが不要になり、ベンドコントロールの煩わしさから解放される。クルーザーはマストヘッド・リグだと言われた時期もあったが、ジブの扱いやすさによって、今では大小を問わず外洋クルーザーにも採用されている。

④ カッター・リグ

マストヘッド・リグによってジブの面積が過大になる点を改善するために、ジブを分割して小面積のジブを2枚展開するリグである。2枚のジブは内側をステイスル、外側をジブと呼ぶ。大型クルーザーや世界一周レーサーなどに見られる。ジブの面積の調整が容易になることと、セール展開の選択肢が増えるメリットがある。

欠点は、ジブのハリヤードとシートが2組必要となることだ。装備が複雑化することは、トラブルの増加につながるので、得失を考えると30フィート以下の艇には不向きである。

⑤ ケッチ・リグ

メインマストに加えて、艇の後部にミズンマストを備えたリグの一種である。セール面積をメインとミズンに分割できるので、強風時の対応が容易となる。ヨットにとって絶体絶命のピンチは、荒天時のリーショア（風下に陸岸のある状態）だ。セールを降ろしてエンジンで逃げるという判断をすると、風下の陸地へ打ち上げられるという最悪の結果を招くことになる。そんなときは、タッキングを繰り返してピンチと戦わなければならない。ストームジブとミズンセールだけを張り、嵐に立ち向かえるケッチ・リグは、修羅場には最もふさわしいリグといえよう。

しかし万能ではない。21フィートの〈信天翁二世号〉が採用したが、複雑な装備によって重量と風圧抵抗が増加した。32フィート以下の艇ではデメリットのほうが大きくなりがちである。

⑥ ガフ・リグ

マルコーニ・リグのメインセールは三角形であるが、四角形のメインセールを持つリグである。四角形の上辺はガフで支えられ、ピークハリヤードでガフを引き上げる。ガフの根本はジョーといい、スロートハリヤードによってマストに沿って上下する。セールを上げる時は、2本のハリヤードを同時に引き上げる。

マルコーニ・リグに比べてアスペクト比が低くなるので、クロースホールドは苦手だ。しかし失速に対しては寛容になるので、フリーのセーリングではマルコーニ以上に有利となる。モンスーンや貿易風を利用して、フリーのセーリングを行う大洋航海では、採用価値が高い。複雑に見える装備も、原始的なテークルを多用できるので、トラブルにも自力で対処できる。冒険航海者の間では、いまも人気が高い。

ロースホールドでセーリングするときに、最も顕著に現れる。

波ごとに、まるでお辞儀をするかのようにピッチングを繰り返すフネがある一方で、するりと滑らかに波頭を越えていくフネもある。波が来るたびにピッチングすれば、スピードは減殺され、リーウェイ（風下への横流れ）が大きくなる。強風下で切りあがっているときは、キールとラダーを失速させる元凶となる。

ピッチングしやすいフネであっても、波頭を乗り越えるたびに当て舵を取ってピッチングを抑え、スピードの低下を防ぐ優れた腕を持つレーサーもいる。競技に特化したレース艇のヘルムスマンは、じゃじゃ馬をいかに乗りこなすかが腕の見せどころとなる。しかし長距離航海では、長時間、ステアリングに集中することはできない。

また大波の中では、波に持ち上げられた艇体が、波間に急激に落下することがある。落下とともに、大きな衝撃が船底を襲う。この状態をパンチングという。パンチングは、スキッパーが肝の縮む思いをする一瞬である。激しいピッチングは艇にダメージを与えるだけでなく、スプレーを巻き上げ、乗員をずぶぬれにする。体を休めることもままならない。ギャレーも使えなくなる。このようなピッチングが続けば、艇上で日常生活を維持することは難しい。これらの理由により、ピッチングは少なければ少ないほどよい。

レース艇ではスピードと上り角度を維持するために、重量の中央集中を徹底する。ピッチングモーメントを減少させることで、少しでもピッチングを減らそうとするのだ。セールもフォクスルに格納するのではなく、キャビン中央にまとめて置く。クルーも中央に集める。

長距離航海では、クロースホールドのセーリングは、なるべく避けるのが常道である。しかしクルージングだからといって、ピッチングに対する備えを怠ってはならない。アンカーなどの重量物をバウやスターンにぶら下げておくことは、ピッチングモーメントを大きく増大させる。従って、重量物や乗員の配置に普段から注意を払っておくことが、クルージング艇といえども大切である。

② ローリング

ローリングは、波によって艇が横方向に揺れることをいう。ローリングは、ランニングからブロードリーチでのセーリングのときに現れる。

クロースホールドやビームリーチでセーリングしているときは、横方向からの風圧をセールに受けている。従って、艇は常に風下側へヒールさせる力を受けているので、ローリングは起こらない。

ローリングとヒールは混同しやすいが、風圧によって一定方向にヨットが傾くのはヒールだ。ランニングでは、風圧は前方にかかるのでローリングを抑える働きが失われる。ランニングになった途端に船酔いが始まるのは、ふらふらと左右に揺れる、長い周期のローリングが原因である。

ローリングは、スタビライザーなどを装備しない限りは、軽減の方法がない。従って長距離航海では、どのようなローリングの特性が、より快適なのかを考えることが重要となる。レース艇の場合は、ギクシャクするローリングでも、乗員の強靭な体力によって耐えるという方法がある。しかし長距離航海では体力を温存したいので、柔らかな乗り心地のローリングが望まれる。

ローリング周期の柔らかさは、慣性モーメントと、船型によって決定される。モーメントの周期は振り子と同じように、回転の中心からの距離と、重量によって左右される。重いキールと重いマストはローリング周期を長くする。長い周期でローリングすれば、どこまでも左右へ大きく揺れるのでたまらない。クラシックなスタイルのヨットは、長距離航海に適していると錯覚しやすい。クラシックへのあこがれは理解できるが、重量級のヨットは、ほとんどが長いローリング周期を持つフネである。

反対に、レース艇のようにマストもキールも軽量なフネでは、ギクシャクした短い周期のローリングとなる。

ローリングを、操船技術によって防ぐことはなかなか難しい。しかしランニングでは、セールのツイストを抑制することでローリングを減少させることが可能である。

③ ヨーイング

ヨーイングは、セーリングしているヨットが、波浪によって左右へ回転することをいう。目標を外れて、バウが風下または風上へ、ヘルムスマンの意思とは関係なく振られる

ことである。曲がろうとする癖は、ステアリングでは抑えがたいので、ヘルムスマンに大きなストレスを与える。それとは反対にヨーイングはしにくいが、あくまでステアリングに逆らい、直進を続けようとする頑固者もいる。

波頭を越えようとするたびにワイルドタッキングしようとする33フィート艇があった。強風下を、クロースホールドでセーリングしていたときだ。ストームジブに交換してウエザーヘルムを減らそうと試みたが無駄であった。このような悪癖を持っていては、人間がヘルムを取っていても、オートパイロットであっても、とても長時間は務まらない。レーサーは、抑えがたい癖であっても、ステアリングで克服することが、腕の見せどころと考えるようだ。しかし長距離航海では不要な我慢と言えよう。長距離航海では、体力温存を第一に考えるからだ。

ブローチングは、ランニングまたはブロードリーチで現れる癖で、ヨーイングの一種である。やはり、強風下と波浪の中で突然現れる。追い波が通過した瞬間、バウが波に突きささって、スターンが風下に激しく持っていかれる。急激に回転するので、遠心力によって大きくヒールする。激しくヒールしたときに、大波に横から襲われると、横倒しになることさえもある。

この癖を持つ艇は、強風下ではヘルムスマンの意思にあくまで逆らうへそ曲がりといってよい。コントロールが難しい、長距離航海には不向きな性格の典型である。

＊

今回は、ピッチング、ローリング、ヨーイングという、3種類の運動特性によって、ヨット固有の性格が形成されることを確認した。次項では、これら運動特性を決定する要素となる、ヨットの具体的な「船型」について考えてみたい。

「青木さん、海で生き残るには、自分の力だけでは無理なときがあります。よくご存じだと思いますが」

ヨットの設計家である故 横山 晃氏が言う。

「そうですね……、何度もフネに助けられました」（青木）

「人生と同じですね。ピンチに陥ったときに、助けてくれる伴侶はありがたいですよ……」（横山氏）

セーリング中の艇の運動

ピッチング
波によって艇が縦方向に上下に揺れる動き

ヒール
セールに風圧を受けて
艇が風下に傾く動き

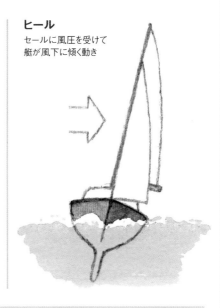

ローリング
波によって艇が横方向に揺れる動き。左図のように周期の大きいもの
と、右図のように周期の小さいものがある

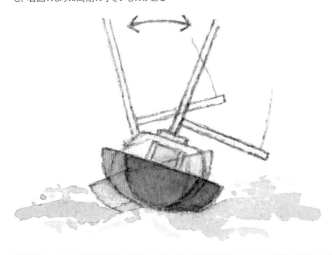

ヨーイング
波によって艇が左右へ回転する動き

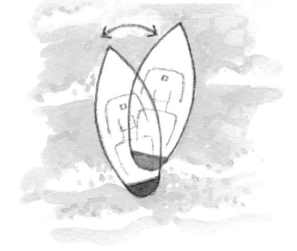

ブローチング
強風時のランニングまたはブロードリーチでのセーリング中に、スターンが後
方から押し寄せてくる波頭に乗せられて、急激に風下へ持っていかれる動き。
激しくヒールして横倒しになることもある

前項では、ヨットのセーリング中の運動を、ピッチングとローリング、そしてヨーイングの3種類に分けて考えてみた。そしてそれぞれの運動の特性を、固有の癖として取り上げた。癖の集合が性格を形づくるのは、人間と似ている。人と同様に、ヨットの性格は外見だけでは判別することが困難だ。

しかし長距離航海を目指すのならば、やはり相棒の性格を把握しておくほうが、航海を共にする上で好都合ではないだろうか。すでに自艇を所有している場合は、簡単に取り替えるわけにはいかないが、相手を知る努力を行うことで、歩み寄ることが可能かもしれない。

ヨットの船型を、ここでは断面形状と平面形状、側面形状に分けて、それぞれの性格を分析する。

ハルの断面形状

ハルの断面形状は、運動性能のうち、主にヒールとローリングの性格を決定する。ヒールはセールに受ける風圧と、復原力とがバランスをとることで生じる。復原力は、フォームスタビリティー（ハルの断面形状による復原力）と、バラストキールの重量との組み合わせによって決まる。フォームスタビリティーは、下の図で分かるように浮力中心の左右への移動で、復原力を生み出す。バラストキールは、重心位置の上下移動で復原力を生み出す。

復原力の大きさは、図中の復原力レバーの大きさで示される。

①ハードビルジ船型

ハードビルジ船型の特徴は、初期復原力が高いのでデッキへ乗り移ったときに安定感があることだ。また中期ヒール時の復原力も、スラックビルジ船型より大きいので、セール面積を大きく展開することができる。そのため、深く重いバラストキールと組み合わせて、多くのレース艇が採用している。しかし初めはヒールしにくいが、いったんヒールすると踏ん張りが利かず、そのまま倒れるのではないかと思うほどの不安感を与える。またローリングは、ぎくしゃくとしたかたい動きとなる。

ハードビルジ船型は、腰が強く安全でビギナーに向いている、クルージング艇として

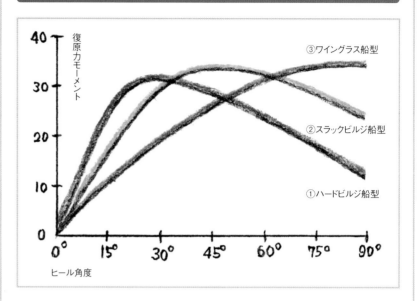

ハルの断面形状と復原力の関係

復原力モーメント
③ワイングラス船型
②スラックビルジ船型
①ハードビルジ船型
ヒール角度

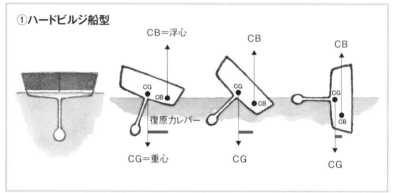

①ハードビルジ船型

CB＝浮心　　CB　　CB
CG　CB　　CG　CB　　CG CB
復原力レバー
CG＝重心　　CG　　CG

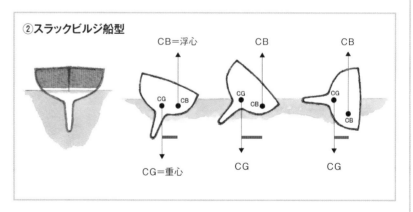

②スラックビルジ船型

CB＝浮心　　CB　　CB
CG　CB　　CG CB　　CG
CB
CG＝重心　　CG　　CG

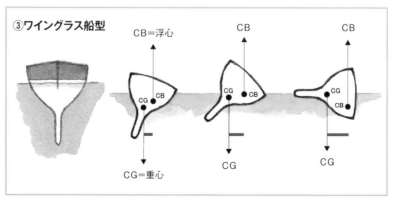

③ワイングラス船型

CB＝浮心　　CB　　CB
CG　CB　　CG CB　　CG
CB
CG＝重心　　CG　　CG

もふさわしいとの見解もあるが、それは第一印象に惑わされた誤りであるといえよう。

②スラックビルジ船型

スラックビルジ船型は30度以上の中後期復原力では①に勝る。復原力範囲も大きい。嵐の中でセーリングしているときは、風が激しく息づく。そんなときでも粘り腰が安心感を与える。それに加えてローリングが柔らかく、波浪中の乗り心地も良い。従って乗員にとっては、体力を温存できるので判断力を維持しやすくミスも減少する。また相乗効果として、ビギナーでも操船を誤りにくくなる。

しかし初期復原力は①に比べて弱いので、デッキに足をかけてすぐの第一印象はよくない。

③ワイングラス船型

ワイングラス船型は、外洋ヨットの船型として、1960年代まで主流を占めていた。幅が狭く喫水の深い船型は、ちょうどワイングラスのような断面形状をなしている。サー・フランシス・チチェスターは1967年、シングルハンドで世界一周を成し遂げ英雄となった。エリザベス女王は「サー」の称号を授与し、偉業をたたえた。その〈ジプシーモス4世〉もワイングラス船型である。この船型は、①②と比べると初期から中期復原力には弱点を持つが、後期復原力は格段に優れている。初期復原力が弱くヒールしやすい弱点は、艇を大型化することで補い、装帆力を高めることが可能だ。〈ジプシーモス4世〉の全長は54フィートであった。

この船型は、今でもノスタルジックな魅力を持っていて、長距離航海に向いているとの考え方も残っている。しかし前後部の予備浮力が不足しているので、外洋航海ではヒールとピッチングの両方に悩まされることとなる。

ハルの平面形状

ハルの断面形状は、ヒールとローリングの性格を決定するが、半面形状は主にピッチングとヨーイングの特性に影響を与える。

①クサビ型平面

クサビ型はバウが鋭くとがり、スターンが

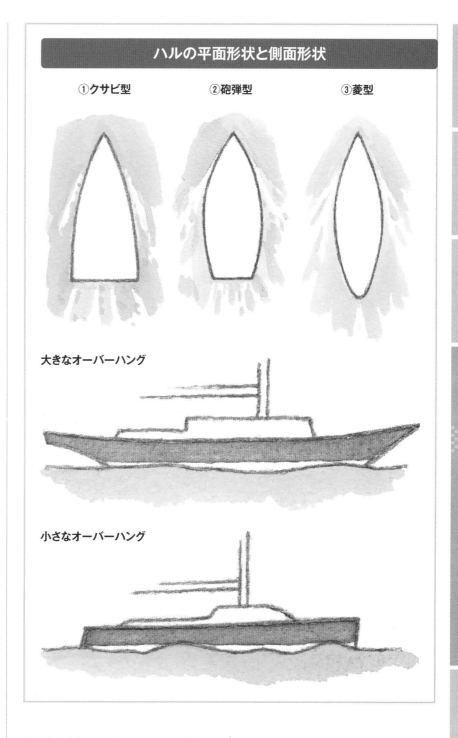

ハルの平面形状と側面形状

①クサビ型　②砲弾型　③菱型

大きなオーバーハング

小さなオーバーハング

最大幅に近いほど広い平面形状を持つ。スターンは十分な浮力があるので、プレーニングしやすいが、バウの予備浮力が少ないので、砲弾型と比較すると横および前方向への復原力に欠ける。低速ではスターンが波浪に持ち上げられて、極端なバウトリムとなり、斜め前方へつんのめるように転覆しやすい弱点を持つ。その欠点を補うために艇の軽量化を図り、嵐の中でも高速を維持してセーリングを続けることが必要となる。熟練のヘルムスマンとクルーがそろえば、長期間にわたって高速を維持することも可能となる。そのため、世界一周レースなどの長距離外洋レースでは、現在クサビ型が主流となっている。

砲弾型の平面は、バウがふっくらとしていて、スターンの幅も広い形状に特徴がある。砲弾型と後出の菱型を比べると、バウとスターンの予備浮力が大きいので、追い波に乗せられてもバウが波に突き刺さらず、ブローチングしにくい。スターンの幅は菱型よりも広いので、バウが波浪に持ち上げられたときに、予備浮力が働いてスターンが海中へ没しない。そのために、ピッチングが抑制される。

横山 晃氏が設計し、筆者が企画に参加した「Zen 24」。全長7.94m／全幅2.76mで、保針性に優れる「サバニ船型」を採用した小型外洋艇

③菱型平面

　菱型の特徴は、バウとスターンがともにとがった平面形状を持つ。艇の前後端を鋭い形状にすることで、微風時のスピードを伸ばすことがねらいであった。また同時に、船体重量の中央集中化を図ることでピッチングモーメントを減少させて、ピッチングを減らすことが期待された。しかし実際の効果は少なく、またブローチングしやすいことも分かったので、1990年代以降はほとんど採用されていない。

ハルの側面形状

　ハルの側面形状は、大きく分けて２種

類となる。バウ、スターンともにオーバーハング（バウとスターンが水面上で張り出した部分）を大きくとったタイプと、ステムがほぼ直立して、スターンにもオーバーハングが少ないタイプとである。

　前後の予備浮力を補うことがオーバーハングの目的なので、ワイングラス船型と菱型平面との組み合わせでは大きくとらねばならない。前出の〈ジプシーモス４世〉は、オーバーハングを大きくとった典型である。全長が54フィートであるが、水線長は38.5フィートである。15.5フィートもの大きなオーバーハングを持つ。側面形状の特徴は、当時発行された記念切手などにも見ることができる。

ヨットの性格形成

①伝統的なアプローチ

　オーバーハングを大きくとり、細身のワイングラス船型を持つクラシックなヨットを、貴婦人のようで美しいと感じる人もいる。しかしその貴婦人の内面である性格は、ピッチングが大きく、ローリングには底なしの不安を覚える。そして波浪の中では、突然ブローチングする気まぐれ者といえよう。〈ジプシーモス４世〉のチチェスターは、自艇の三大欠点について次のように述べている。

　「デッドウッドをあちこちで切り取り、そこへ2,400ポンドの鉛を流し込む……改善さ

photos by Ken Ando (Kazi)

れたものの相変わらずヒールしやすく、風力2の軽風でぐらりといってしまう」

「北西からの軽風……追手でローリングがはなはだしい」

「波をくらってスターンが風下に振られると、艇がたちまち風上へ切れ上がるのが気にかかる」

〈ジプシーモス4世〉は当時最高の設計家といわれたジョン・イリングワースの手によるものだった。イリングワースは、船型③と平面形状③とに、高いバラスト比を組み合わせたが、今ではこの船型はほとんど用いられない。

②横山 晃のアプローチ

これに対して、我が国の設計家である

故 横山 晃氏は、まったく反対のアプローチを試みた。横山の設計したヨットで世界一周に成功した艇は、〈ジプシーモス4世〉に比べてはるかに小型である。1971年の榊原伊三〈白雲〉は30フィート、1974年の牛島龍介〈サナトス〉は31フィート、1986年の佐藤正志〈百鬼丸〉は24フィート、1997年の〈希望号〉は24フィートである。彼らの中からは、運動性能についての不満は少ない。

横山は、いずれの艇にも船型②と平面形状②に低バラスト比を組み合わせている。そして1980年代には、さらに画期的な船型を生み出した。ヒールしても二枚腰となる安心感、波と調和するローリング周

期、ピッチングが少ない前後の予備浮力、ブローチングしにくい素直なステアリング性能とスピード性能。これらの集積ともいえる素直な性格は、ビギナーにとっても、長距離航海者にとっても、かけがえのない価値を持つ。その価値は横山が2,000時間以上のセーリング経験を持ち、海を知悉したことによって見いだされた。

横山は、自らが開発したこの船型を「サバニ船型」と名付けた。横山の設計思想はヨーロッパの伝統からではなく、アラブ、東南アジア、中国、琉球そして日本へと受け継がれてきた、2,000年以上に及ぶ航海と造船の帆船の歴史から生まれたと言ってよい。

　長距離航海に挑むヨット乗りにとって、メンテナンスの技術は、セーリング、ナビゲーション、マリンウエザーと並ぶ重要な柱であり、それは、航海をするために不可欠な技術の、四大構成要素の一つである。航行不能になった場合、日本の沿岸近くなら、BANなどの救助サービスを利用することもできる。しかし、海域や天候によって状況は異なってくる。以下に述べるような、予測可能なトラブルに対する備えをしておくことは、自立したヨット乗りとしての嗜（たしな）みであり、事故を未然に防ぐためのトレーニングである。

　ヨットは、商船でも漁船でも軍艦でもない。個人が自由にセーリングし、純粋に海を楽しむフネである。外洋ヨットは、世界のどこまでも自力で航行できる能力を持つ。このような自由を謳歌（おうか）しようとするときに、トラブルを予測し、自力でトラブルを乗り切る能力が高ければ、その分だけ楽しみは深くなる。今回は、出入港で活躍する補機について、応急修理の要点を解説する。

洋上での応急修理

　デイセーリングでもトラブルは発生する。ちょっとしたエンジン部品が破損しても、その場で修理ができなければ曳航を頼まなくてはならない。事態を大きくしないために、予備部品と工具をそろえておこう。

　洋上で応急修理を行うときは、ヒーブツー（裏ジブ状態）で停止するか、またはメインセール1枚で行き足を保ち、危険海域から離脱するようにコースを設定する。周囲の浅瀬や岩礁地帯、他船の動向を観察して、安全を確保しなければならない。大型船航路を外れた外洋であれば、時間に余裕があるので、修理に集中しやすい。

ガソリン船外機の予備部品と修理法

①針金

　直径0.5mmくらいのやわらかいステン

便利なアイテム
ステンレス針金
40cmの針金を二つ折りにしたもの。船外機のパイロットホールが詰まったときに使用する

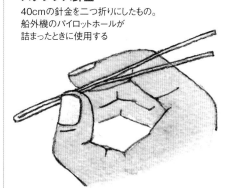

レス針金40cmを、二つ折りにしたものを用意する。パイロットホールから排出されるパイロットウオーターは、冷却水が正しく循環していることを示すもので、パイロットホールが詰まると異常に気がつくことができず、オーバーヒートなどにつながる。パイロットホールが詰まる原因は、冷却経路から流出する小さなゴミの場合もあるので、アイドリングしながら、二つに折った針金を折った側からパイロットホールへ挿入して、2、3度突いてみる。この処置をしても排出されない場合は、船外機をチルトアップして、冷却水取り入れ口にゴミやビニールが詰まっていないか確認する。

②インペラとガスケット

　インペラは、海水をくみ上げる冷却水ポンプの、水車状をしたゴム製の部品である。針金でパイロットホールを突いてもパイロットウオーターが排出されないときは、冷却水ポンプのインペラの羽根が破損している可能性が高い。その場合はインペラを交換する必要があるが、洋上で簡単に交換ができないので、次の寄港地でプロの手を借りて修理することになる。もしも寄港地に部品がなければ、取り寄せるのに1週間は待つことになる。トラブルに備えて、定期交換部品のインペラとドライブユニットのガスケットは、艇に備えておきたい。

航海に不可欠な技術の四大構成要素

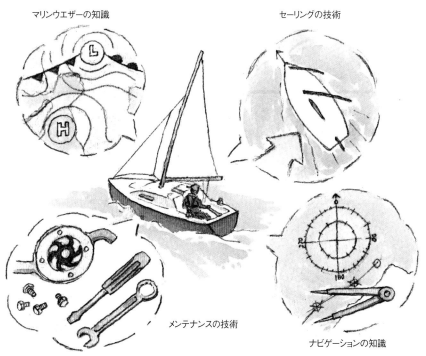

マリンウエザーの知識

セーリングの技術

メンテナンスの技術

ナビゲーションの知識

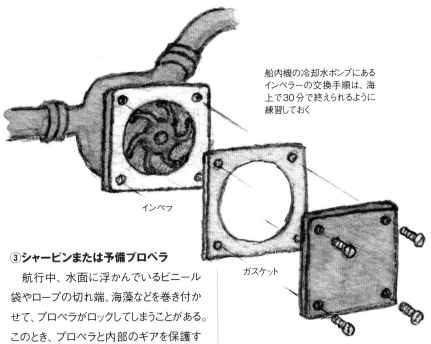

船内機の冷却水ポンプにある
インペラーの交換手順は、海
上で30分で終えられるように
練習しておく

インペラ

ガスケット

③シャーピンまたは予備プロペラ

航行中、水面に浮かんでいるビニール袋やロープの切れ端、海藻などを巻き付かせて、プロペラがロックしてしまうことがある。このとき、プロペラと内部のギアを保護するために、動力の伝達を瞬時に遮断する仕組みがある。プロペラシャフトを貫通し、プロペラとかみ合うことで動力を伝えているシャーピンが、過大な外力を受けたときに切断されることで機構を保護している。原因を取り除いた後でプロペラを外し、予備のシャーピンと交換すれば修理完了である。

シャーピンではなく、プロペラ内側に備えたゴム製のブッシュで同様の役割を持たせたタイプもある。その場合はプロペラごと交換する。

④点火プラグ

点火プラグの不調でエンジンがかからないときは、調整を試みるよりも交換したほうが手っ取り早い。交換にはプラグのサイズに合ったプラグレンチを使う。点火プラグは船外機のシリンダー数と同じ本数を準備しておく。

ディーゼル船内機の予備部品と修理法

①インペラーとガスケット

インボードエンジンで最も多いトラブルが、冷却水の排出不良である。予兆なく起こり、突然ピーと鳴る警告音によって驚かされる。冷却系の警告が鳴ったら、まずギアをニュートラルにしてエンジンをアイドリング状態にし、船尾から排出される冷却水の量をチェックする。排出量が通常とさほど変わらない場合は、冷却水ポンプが原因ではなく、エンジン内部の冷却経路上の問題となる。この場合は応急修理ができないので、寄港

地までセーリングで航行し、入港後にプロのエンジニアに修理を依頼する。

冷却水の排出量が少なくなっているときは、以下の手順で点検を試みる。まず、しばらくアイドリング運転を行い、エンジンを冷却させてから停止する。その後、船内の冷却水取り入れ口のバルブを閉める。バルブにつながっている冷却水パイプを取り外してバルブを開けてみる。もしも海水が勢いよく流入してこなければ、船底外部の取り入れ口にビニールなどが吸い付いてふさがっていることが考えられる。内部から針金などで突っついても取り外せないときは、海中へ潜って取り除く。その後エンジンを再始動し、冷却水の排出量が十分かどうかを観察する。

冷却水取り入れ口のバルブを開けたときに海水が多量に出てくれば、外部の障害ではないと判断できるので、バルブを閉めてからインペラの交換に取り掛かる。冷却水ポンプはVベルトのプーリーの裏側に配置されている機種が多い。ポンプのふたを止めているネジを、ドライバーまたはメガネレンチで緩め、ふたを取り外す。ふたは変形すると水漏れの原因となるので、金属ハンマーでたたいたり、ドライバーでこじ開けたりしてはならない。ふたを外したときに、インペラの回転方向（羽根のたわんでいる向き）を覚えておく。そして、マイナスドライバーですくい出すように、丁寧にインペラを取り外す。

新しいインペラの羽根の部分に、グリス、エンジンオイル、バター、またはオリーブオイ

ルなどの油脂を塗布してから、回転方向を確認して冷却水ポンプの内部へ、ねじりながら挿入する。油脂を塗るのは、始動直後のドライ運転となるときに、ゴム製の羽根が摩擦で傷むことを防ぐためである。新しいガスケットを装着して、ふたを元通りに閉める。冷却水パイプを接続して、バルブを開けてからエンジンを始動する。冷却水の排出量を確かめ、しばらく中速運転しても警告音が鳴らなければ修理完了となる。インペラ交換作業は、30分を目標として事前練習をしておく。

②Vベルト

Vベルトに不具合があると、ベルトで駆動している冷却水ポンプとオルタネーター（発電機）が働かなくなり、警告音が鳴る。警告が鳴ったときは、エンジンを微速にして周囲の安全を確かめた後に、エンジンルームのふたを開けてVベルトを点検する。オルタネーターの駆動ベルトであれば、すぐにエンジンが止まることはないが、冷却水ポンプのベルトならば直ちに張り直すか、交換が必要である。スリップしているベルトの伸びが軽度の場合は、オルタネーター側のネジを緩めて、ベルトをピンと張り直せばよい。

エンジンを停止し、アジャスターの取り付けボルトをメガネレンチで緩めて、新しいVベルトに交換する。交換後はVベルトを指で押して6〜8mmほどたわむ位置でアジャスターの取り付けボルトを締め付ける。ベルト交換作業は、15分を目標として練習しておこう。

③エンジンオイル

エンジンオイルが基準量より減少すると、

船内機の燃料フィルターの底部に水分やゴミが沈殿している状態。新しいフィルターに交換したときは、燃料系統の空気抜き（エア抜き）が必要になる

便利な工具
バイスプライヤー
物を強力に挟めるバイスプライヤーは、エンジン修理の
さまざまな場面で活躍する。挟んだままロックできるため、
ずっと力を加えている必要がない

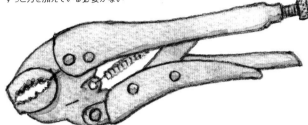

便利な工具
コンビネーションレンチ
狭い場所でも使えるスパナと、ボルトを強力にグリップす
るメガネレンチがセットになっている。多様なサイズを準
備しておきたい

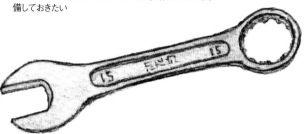

やはり警告音が鳴る。そのまま航行を続けるとエンジンが焼き付き、重大な損傷となる恐れがある。しかしながら、ドレンボルトの緩み以外のオイル漏れを、洋上で根治するのは難しい。まず、減った分のオイルをつぎ足す応急処置を行い、始動を確かめた後は、なるべくセーリングで次の寄港地まで航行し、エンジンの力が必要となる入港から着岸までの操船のために、オイルを温存する。エンジンオイルが急速に減るときは、本格的な整備が必要となるので、寄港地でプロの手を借りることにする。

④燃料フィルター

エンジンが警告音もなしに停止するときは、燃料系統の不具合が考えられる。燃料タンクに燃料があるにもかかわらず、エンジンが止まり、再始動してもまたすぐに停止する場合は、燃料フィルターの目詰まりが疑われる。目詰まりは水分やゴミによって起こる。懐中電灯で燃料フィルターを照らし、フィルターの底部に、水分やゴミが沈殿しているときはフィルターのカップを外して、内部の燃料を捨て、ゴミはティッシュペーパーなどでふき取る。続いて新しいエレメント（ろ紙）に交換する。

船内機の場合には、燃料フィルターを元通りに組み立てた後に、燃料系統の空気抜きを以下の手順に沿って行う。
（1）燃料フィルターの空気抜きボルトと、燃料噴射ポンプの空気抜きボルトを2〜3回転緩める。
（2）燃料フィードポンプのレバーを手で上下方向に繰り返し動かし、燃料を送りこむ。
（3）2カ所の空気抜きボルトの穴からあふれ出る燃料に気泡がなくなった時点で、空気抜きボルトを締める。

（4）試運転を行う。

この作業は、原因を取り除いていない応急修理であり、長時間運転すれば再びエンジンが停止する恐れがある。したがって次に入港したときには、燃料タンクをチェックして原因を究明する必要がある。燃料フィルターと空気抜き作業は、60分を目標とする。

エンジン応急修理用の工具

①ハンマー

FRP製のヨットではくぎを打つ機会はないが、さび付いた部品を外すときに使う。

②バイスプライヤー

ネジとてこの原理で、母材を強力に挟むことができる。角が取れてなめたボルトの頭を、挟んで回転させることができる。

③プライヤー

太さや大きさに合わせて調整して、ネジやパイプをつかむ。

④モンキーレンチ

開口部の間隙（かんげき）をネジで調整して、ボルト頭などのサイズに合わせる。スパナでつかめない大型のネジに使用するので、開口幅は36mmまで広がる中型を選ぶ。

⑤コンビネーションレンチ

エンジン部品を固定するネジは、さび付いている場合が多い。緩めようとしてスパナで力をかけると、六角ボルトの頭が滑って、角を丸くなめてしまう。メガネレンチは、6点で保持するので滑ることはほとんどない。力をかける作業は、メガネレンチを使用する。ヨットには、片側がスパナでもう一方がメガネレンチとなっている、コンビネーションレンチが使いやすい。8mm、10mm、13mm、17mm、19mmのサイズをそろえるとよいが、海外製のエンジンは、ネジがインチ規格の場合があるので確認が必要である。

⑥プラグレンチ

船外機艇の場合は、点火プラグを交換するために、サイズの合ったプラグレンチを備えておく。

⑦ドライバー

ドライバーは、プラスを1番、2番、3番の3種をそろえる。マイナスは2番だけでもよい。柄の長さは中間のものが使いやすい。さび付いたネジを外すときに、ハンマーでドライバーの頭部をたたきながら回すので、貫通ドライバー（シャフトが柄の端まで入っているもの）を選ぶ。

本書の冒頭で、ヨット乗りの2大恥を紹介した。「引っ張ってもらえませんか」と「ここはどこですか」である。万策尽きた場合は別だが「これを言うのはヨット乗りの恥と心得ておけ」。筆者のヨットの師匠、徳弘忠司さんの言葉である。〈信天翁一世〉号を自作して世界一周航海を目指す筆者に、惜しみない協力をしてくれた先輩であった。

今回解説した応急修理法は、多少のトラブルが起きても「引っ張ってもらえませんか」と頼まなくても済むように、洋上であっても自力で対処する方法である。もちろん、人命に関わるときは迷わず救助を要請するべきであるが、そのような事態を招かないために、日頃から自艇のコンディションを整え、技術を磨いておきたいものである。

長距離航海を成功させるには、事前のメンテナンスが欠かせない。艇のコンディションがよければ、艇のスピードと耐航性を高め、乗員の疲労を軽減し、あらゆる意味で安全につながるからである。航海の途中で起こり得るトラブルを想定し、それに対応するメンテナンスの項目を整理しておくことが大切である。

メンテナンスはプロの業者へ依頼することもできるが、その場合も自艇の状態を知り、必要なメンテナンスの内容を具体的に把握した上で作業を依頼したほうがよい。海上で、乗員だけでトラブルに対処するときも、寄港先で整備する場合も、出航前のフネに施した整備内容を知っておくことが、トラブルに対処する技術の向上につながることは言うまでもない。長距離航海においては、メンテナンスの技術が重要になってくるが、特にシングルハンドやショートハンドの場合は、メンテナンスの技術が航海の成否を左右する要素となる。

前項ではエンジントラブルの応急修理法を解説したが、続いて船底塗装の技術について解説する。

船底塗装の目的

海上に係留しているヨットの船底には、係留時間の経過とともに、フジツボやカキ、海藻などが繁殖する。船底だけではなく、プロペラやプロペラシャフトにも付着する。これらの付着物は走行する上で大きな抵抗物となる。わずか5〜6つぶのフジツボがプロペラブレードに付いただけで、推進力は半減してしまう。プロペラと船底の抵抗が増大すると、エンジンに過負荷がかかって不完全燃焼を起こし、排気管から黒

英語の「Good Sailing」の第一義は、速いセーリングであるが、別に幸運や成功という意味も持つ。本書の大きなテーマは、Good Sailingのための技術である。自分の夢をかなえるために努力する姿はすてきだ

煙が出る。そして、スピードが減殺されて舵利きが悪くなるという悪循環を引き起こす。海上で嵐と戦うときにはスピードが武器となるので、船底のメンテナンスは大切である。

船底塗料の防汚効果は、2回塗りをしてもおおむね1年間といわれている。したがって船底塗装は、少なくとも年に1回は実施する必要がある。

水域と艇の使用状態、および艇体の材質によって、選択すべき船底塗料のタイプは異なってくる。船底塗料の塗装方法は、塗料に合致するシンナーを希釈剤として使い、メーカーの指定基準による塗膜厚および塗装間隔を守るようにする。また、船底塗料の防汚剤には重金属などの有害成分が含まれているので、作業に使用した手袋、作業服などはその都度に廃棄処分とする。

現在市販されている船底塗料には、表1に挙げた2種類のタイプがある。異なったタイプの船底塗料を塗り重ねると、塗膜が剥離する場合があるので、現在塗装してある塗料と同じタイプを選ぶことが無難な選択となる。

プロペラ用塗料の特徴

船底塗料の多くは、フジツボや海藻が付着するのを防ぐために、重金属の防汚剤を含有している。重金属を含む塗料を金属に塗装すると、電食作用を起こして塗装した金属を侵食するので、プロペラやプロペラシャフト、ドライブなどに、このタイプの船底塗料を塗ることはできない。

重金属の防汚剤を含まずに、表面効果

表1：船底塗料のタイプと特徴

タイプ	特徴	製品例
自己研磨型	自己研磨型の防汚塗料は、海水につかると塗膜表層が徐々に溶解し、防汚成分が定常的に溶出することにより、海中生物の付着を防止する効果を発揮する。防汚剤として亜酸化銅を含有する。防汚効果を保つためには、定期的な塗り替えが必要（年1〜2回）。	Seajet 033 マリアートAF シーブルーキング ボートガードEX2
加水分解型	加水分解型の防汚塗料は、海水中で塗膜表面からイオン交換反応することにより、長期間にわたり優れた表面更新作用を発揮する。そのため防汚性だけでなく船体の摩擦抵抗を減少させる効果がある。また、防汚剤の亜酸化銅を含有する製品としない製品とがある。定期的（年1〜2回）な塗り替えが必要となる。	Seajet 034 クルーザーレインボー Seajet 039 プラドールZ うなぎ塗料一番

船底塗料とシンナーを混ぜ合わせて塗装する。ローラーに塗料を含ませてからバケット上でしごいてなじませる

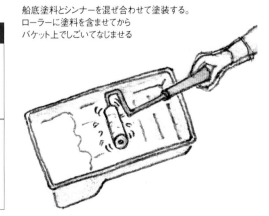

表2：艇の保管状況や艇体の材質による船底塗料の適性

	自己研磨型 [亜酸化銅タイプ]	加水分解型 [亜酸化銅フリータイプ]	加水分解型 [亜酸化銅タイプ]
海水係留	◎	△	◎
淡水係留	○	×	×
陸置き艇	×	◎	×
FRP艇	◎	◎	◎
アルミ艇	×	◎	×
長期係留	◎	△	○

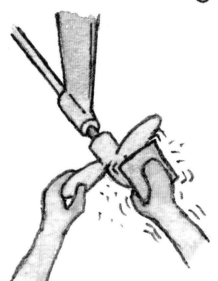

プロペラの塗装を行うときは、同時にプロペラシャフトの防食亜鉛も交換する。2個を背中合わせにして、シャフトブラケットから2cm離して固定する。締め付けには六角レンチ（上）を使う

によって付着物を防ぐ塗料がプロペラ専用塗料である。塗装にあたっては、金属面への塗料の付着性を高めるために、旧塗膜を全てはがし、120番のサンドペーパーで表面を磨く。その上に付属の下塗り用プライマーを塗布し、メーカー指定の乾燥硬化時間を取った後にプロペラ用塗料を塗布する。プロペラ用塗料は指定時間経過後に2回目の塗装を行う。

塗装用具の準備と作業上の注意

船底等の整備と塗装に必要な用具の例は、表3に挙げた通りである。用具の不足や不適応などで作業が中断しないように、準備と段取りを整えてから作業に入りたい。

作業にあたっては、汚れてもいい作業服、靴、軍手、保護めがね、帽子、マスク等を着用して、有害な船底塗料の飛沫から目や皮膚、粘膜を守る。

また、ジェットポンプを使用して船底を洗浄するときや塗装作業中は、飛沫が隣接する艇や施設へ及ばないように注意する。スプレー塗装は、飛沫が遠方まで拡散するので、マリーナでは作業に制限がある場合が多い。

塗料を塗り重ねる際の塗装間隔、および塗装後に進水するまでの時間は塗料メーカーが指定する乾燥時間を守ること。

船底塗装の手順

①作業予定日の天候を見定めて、マリーナへヨットの上架を依頼する。
②上架作業に立ち会う。
③ジェットポンプを使用して高圧水で船底を洗い、海藻や付着物を落とす。
④長柄のスクレーパーを使用して、手作業で付着物を落とす。
⑤古い防食亜鉛をハンマーなどでたたいて取り除く。
⑥ジェットポンプで船底を清掃して乾燥させる。
⑦プロペラやプロペラシャフトなどの金属部は、120番のペーパーで表面を磨く。

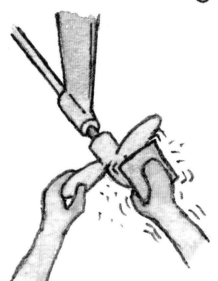

プロペラシャフトとプロペラ、ブラケットをペーパーでサンディングする。ヨットでも機走スピードは大切だ。古い塗膜をきれいに除去しよう

⑧乾燥後に、船底とハルとの境目にマスキングテープを貼る。
⑨キールなどにサビがあれば磨いて除去し、サビ止めプライマーを塗布する。
⑩船底塗装がはがれてゲルコートが露出している部分には、プライマーを刷毛塗りする。サビ止めプライマーを塗布した部分

まず最初に、ジェットポンプを使用して、船底に付着した海藻などを吹き飛ばす

次に、長柄のスクレーパーを使って、付着物を取り除く

塗装前には船底（ボトム）と船体（ハル）の境目にマスキングテープを貼る

作業を終えたら、周辺を念入りに掃除する

にもプライマーを塗る。

⑪プロペラシャフトの防食亜鉛を取り付ける部分に、マスキングテープを貼る。

⑫プロペラとプロペラシャフトは、船底塗料が付着しないように、ビニール袋などでていねいにマスキングする。

⑬船底塗料をバケットに移し、シンナーを夏季は5％、冬季には10％混ぜて撹拌（かくはん）する。

⑭1回目の船底塗料をローラーで前後方向に塗る。

⑮乾燥後に、2回目の船底塗料をローラーで塗る。

⑯マスキングを全てはがす。

⑰プロペラ塗料のプライマーを、プロペラとプロペラシャフトへ小刷毛で塗る。

⑱プライマーの乾燥後に、1回目のプロペラ塗料を刷毛で塗る。

⑲1回目のプロペラ塗料の乾燥後に、2回目を刷毛で塗る。

⑳プロペラ塗料の乾燥後に、新しい防食亜鉛を2個取り付ける

㉑作業場所を清掃する。

㉒ヨットを下架してもらう。

　船底塗装は腕を上げて行う動作が多いので、非常に疲れる作業である。慣れていない場合は、協力者とともに複数で作業を行うことをお勧めする。メンテナンス業者へ塗装を依頼するときは、次に塗り替えするときに備えて、船底塗料の銘柄とタイプを必ず確認しておく。

　計画している長距離航海が半年以上の長期に及ぶ場合は、船底塗装やメンテナンスのために上架する必要があるので、上架設備が整っている寄港地を検討しておく必要がある。

表3：準備するもの（25ftヨットの例）

塗料とシンナー

船底塗料	Seajet033×2缶
希釈用シンナー	純正シンナーまたは塩化ゴムシンナー×1リットル
プロペラ塗料セット	ニューペラクリンPLUS mini×1セット、プライマー付き
プライマー	船底塗料がはがれてゲルコートが露出した箇所に、船底塗料を塗る前に塗布する。船底塗料と同じメーカーの製品を使用する。
サビ止めプライマー	キールなどに生じたサビを落とした後に塗布する。硬化後には、さらにプライマーを塗装する。

工具と用品

ナイロン研磨たわし	60番の粗目を使う。船底塗料のデコボコ部分や、プロペラなどの残存塗料を磨いて落とす。
サンドペーパー	120番の耐水ペーパーを1枚用意する。プロペラやプロペラシャフトを磨く。
マスキングテープ	幅24mmを1巻き、塗装しない部分との境界に貼る。
ローラー	6インチ（15cm）幅で直径の小さいスモールローラーを使えば、船底塗料の塗膜に段差ができにくい。サイズに合ったハンドルが必要。人数分をそろえること。
バケット	船底塗料を缶から取り出してシンナーと混ぜ合わせる。塗料を含ませたローラーをバケット上でしごき、なじませてから塗装する。
小刷毛	ラダーの隙間やプロペラ塗料を塗装するのに使用する。
防食亜鉛	プロペラシャフトの直径に合わせたものを2個用意する。
六角レンチ	防食亜鉛の締め付けに使う。
マイナスドライバー	船底塗料の缶のフタを開ける。
ハンマー	多くの用途が考えられる。
撹拌ヘラ	船底塗料は缶の中で重金属が沈殿しているので、バケットに取り出す前に十分撹拌する。

防護用品

ビニール手袋	使い捨ての耐油性手袋を3〜4組
重手	ビニール手袋の下に付けて手の保護をする。
ウエス	不要部分に着いた塗料を拭き取る。
ティッシュペーパー	シンナーを含ませて、手や衣服に付着した塗料を拭き取る。
ビニール袋	ゴミを収納する。
ほうき	掃除をする。

シップシェイプ

　長距離航海に出るには、身だしなみを整えることが大切だ。ヨットの身だしなみをシップシェイプという。シップシェイプにはデッキやハル、船底などの外観は言うに及ばず、ロープ類やセールなどがきちんとメンテナンスされ、整理整頓されていることが含まれる。それらはすべてのヨットの基本であるが、特に長距離航海においては、艇の性能を発揮して安全に航海を達成するために欠かすことができない。出航準備が整い、いつでも嵐と戦える万全の状態が、シップシェイプの目指す姿である。

　メンテナンスが整い、整理整頓されていれば、係留中、航海中を問わず、急に荒天対策や部品交換が必要になった場合でも、慌てることなく急場をしのぎやすい。このように、シップシェイプは作業を効率化し、乗員の疲労とミスを軽減し、艇のスピードアップに直結する。従って、シップシェイプのいかんによって、その艇のオーナーまたはスキッパーの力量を判断することができる。

ロープワークに必要な道具

　ヨットはおもにロープで操るので、まず取り掛かるのはロープのメンテナンスである。以下に必要な道具を紹介する。

シーナイフ：小型の折りたたみ式ナイフ。ブレードは波刃がよく切れる。

スパイキ：10mmほどの金属棒の先端をとがらせたもの。シーナイフに付属している製品もある。

ニードル：裁縫用よりも太い縫い針。中

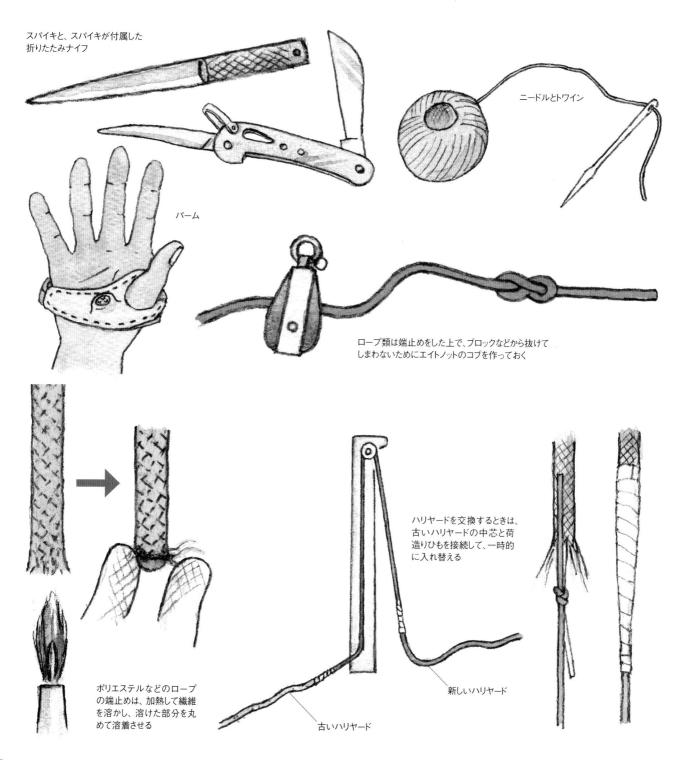

スパイキと、スパイキが付属した
折りたたみナイフ

ニードルとトワイン

パーム

ロープ類は端止めをした上で、ブロックなどから抜けてしまわないためにエイトノットのコブを作っておく

ハリヤードを交換するときは、古いハリヤードの中芯と荷造りひもを接続して、一時的に入れ替える

新しいハリヤード

古いハリヤード

ポリエステルなどのロープの端止めは、加熱して繊維を溶かし、溶けた部分を丸めて溶着させる

ほどから三角形状となっており、縫い目を広げてトワインを通しやすくしている。

トワイン：縫い糸のこと。ワックスが糸全体に浸透させてあって滑りがよく、ロープやセールを縫いやすい。

パーム：革製の針押し。手のひら側にニードルの頭を押すための金具がついている。手のサイズに合わせてバンドを調節する。

バーナー：ライターサイズの防風式がよい。

ハサミ：トワインを切るのに使用する。小型のものでよい。

軍手：バーナーで溶かしたロープエンドを丸めるときに、二重にして使う。

ビニールテープ：一般的なもの。

荷造りひも：マスト内のハリヤードなどを交換するときに、リードとして使う。直径5～6mmで、三つ打ちのもの。

ロープの端止め処理

　ロープの先端がほどけていたり、中芯が飛び出していたりするのは見苦しいし危険である。ヨットで使われるロープの多くは、ポリエステルまたは類似の繊維で構成されており、電熱式のロープカッターで端を整える方法もあるが、艇の上ではバーナーで加熱して加工する。溶けた繊維でやけどする危険があるので注意を要する。ロープエンドがほどけている場合の端止めは、以下の手順で処理を行う。

①ロープのほどけていない箇所で、シーナイフを使いロープを切りなおす。
②切りにくいときは、ビニールテープを巻きつけ、その上から切断する。
③ビニールテープを取り去る。
④軍手を二重にして片手にはめる。
⑤バーナーでロープの切断部を加熱する。
⑥ロープの繊維が、芯の部分まで溶けたのを見計らって加熱をやめる。
⑦二重に軍手をはめた手で、溶けた部分を素早く丸め繊維を溶着させる。

シートとハリヤードの端止め

　ロープエンドが傷んでいるときは、上の手順でメンテナンスを行うが、⑦の溶けた繊維を丸める際に、ロープの直径よりも太くしな

ロープの整理整頓

ロープの整理法は種々あるが、帆船時代から使われている標準的な整理整頓の方法を以下に紹介する。

ハリヤードの整理（クイックターンノット）
　昨今のクルージング艇は、レース艇と同様にハリヤードをマスト下部からターニングブロックを介し、シートストッパーを通してドッグハウス後端のハリヤードウインチへ導く艤装が多い。ショートハンドの長距離航海においては、ハリヤードウインチをマスト下部へ配置した方式に多くの利点がある。ここでは多数派を占めているコクピットリード方式の場合を解説する。
①ハリヤードは後端からではなく、シートストッパーから50cmほどのところからコイルアップを始める。
②ロープエンドから1mほどのところで二重に折り、二重の部分を、コイルした輪の上側の輪をくぐらせて引き締める。
③シートバッグへ収納するか、ない場合は二重にした先端をウインチにかける。

シートの整理（コイルアップ）
　ハリヤードと異なり、ジブシートはウインチに二巻きした後、クリートに固定し、残りのシートをコイルアップして輪をそのままウインチにかける。大きな輪を作るとコクピットへ垂れ下がり、汚れがたまるので、自艇のコーミング高さに応じてコイルアップする大きさを決める。
　メインシートはやはりコイルアップして、ブームまたはメインシートの途中にクラブヒッチでぶら下げておく。コクピットの床に置くと汚れがたまり、足元の邪魔にもなる。

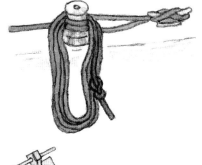

アンカーロープの整理（フレークダウン）
　とっさのときに、すぐに投錨の作業ができるように、アンカーとアンカーロードは常に整理しておく。そのために、アンカーバッグまたは適切なプラスチックのボックスが必要である。このように整理整頓しておけば、いざというときに慌てないで済む。アンカーバッグを取り出し、ロープエンドの輪をジブシートウインチなどへかけて確保すれば、そのまま投錨準備が整う。
①アンカーロープのロープエンドをアンカーバッグから50cmほど出して垂らしておく。
②その上からアンカーロープをフレークダウンしていく。
③アンカーチェーンが付属していれば、ロープの上にフレークダウンする。
④最後にアンカーを上に乗せる。

いことが大切だ。シートやハリヤードは、シートストッパーやターニングブロックを通すので、直径が太くなると通らない場合があるからだ。

　スピネーカーシートとアフターガイを除いて、シートとハリヤードなどのロープの手元側には、ブロックなどから抜け落ちてしまわないようにエイトノットでコブを作っておく。コブはロープの端に作るのではなく、引き手として20cmほどを余らせて結ぶ。ブロックなどにシートが引き込まれてコブが食

い込んだ際に引き出すためである。

ハリヤードの交換手順と注意点

　セールなどを調節するシートはすべて外部へ露出しているので、交換は容易である。しかしハリヤードやリーフロープは、マストやブームの内部を通っているので、交換には慎重な準備が必要である。

61

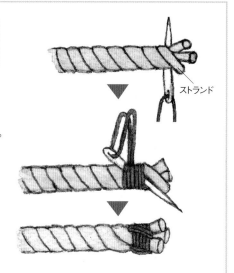

14mm三つ打ちロープの伝統的な端止め方法
（セールメーカーズホイッピング）

①トワインを1mほどの長さに切り、ニードルに通して二重にして両端をそろえる。
②裁縫とは異なり、トワインの端に抜け止めのコブを作ってはならない。
③ロープの先端から1cmほどの所で、パームを使ってニードルを反対側のストランドの溝へ通す。
④4〜5回ほどロープへトワインをきつく巻きつけ、ニードルで反対側の溝へ通

してトワインを引き締める。
⑤ロープの溝に沿って2周巻きつけたトワインを、ニードルで反対側の溝へ通す。
⑥同様にして三つの溝全てにトワインを巻きつけたら、ニードルで反対側のストランドの中を通して引き締める。
⑦トワインをロープの表面に合わせて切る。

ストランド

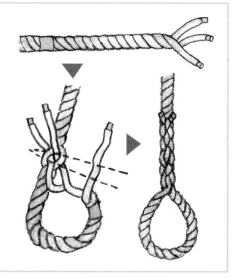

14mm三つ打ちロープのスプライスの手順

①ロープの端末から25cmの所へ、ビニールテープを巻く。
②ストランドの先端3カ所へビニールテープを巻く。
③ストランドを25cmの所までほどく。
④③から1.2mの所へビニールテープを巻く。
⑤④のビニールテープの箇所から、イラストのように、ストランドが入る相手のストランドの溝をスパイキで広げる。

⑥ストランドを3本通したら、1回目のスプライスが完了。各ストランドを引き締める。
⑦続いて3回、スプライスを進め、合計4回通し終えれば、手のひらまたは足裏を使ってスプライスした部分を転がし、なじませる。
⑧余った3本のストランドを、ロープの表面に合わせて切り取る。

三つ打ちロープ（上）と八つ打ちロープ（下）

①ハリヤードの先端部分を5cmほどカットする。
②ダブルブレードとなっているロープの芯部を5cmほど引き出す。
③引き出した中芯部と、直径5〜6mmの荷造りひもをクラブヒッチで固く結ぶ。
④荷造りひもの端部はハリヤードに10cmほどそわせる。
⑤その上から、元のハリヤードの直径より

も太くならないように、ビニールテープをきつく巻きつける。
⑥荷造りひもの側へも、5〜6cmほど、きつくビニールテープを巻きつける。
⑦ハリヤードをゆっくりと引き、マストから全体を抜き取り荷造りひもと入れ替える。
⑧シーブやブロックに継ぎ目があたり重くなったときは、両側から交互に軽く引いてみる。
⑨新しいハリヤードの後端を、上記と同様に注意して荷造りひもにつなぐ。
⑩荷造りひもの後端を軽く引き、マストのエグジット金具から新しいハリヤードの後端が1mほど出るまで引き出す。
⑪引き出しに成功したら、直ちにエイトノットで後端にコブを作り、抜け落ちないようにする。
⑫ターニングブロックやシートストッパーにハリヤードを通す。

⑬ロープの後端をバーナーで加熱し、固める。
⑭引き手を20cmほど残し、エイトノットでコブを作る。
⑮不要になった荷造りひもや、古いハリヤードを整理する。

　テープ状をした荷造りひもや、細い荷造りひもを使うと、マスト上部のシーブの溝から外れて、シーブボックスとの間にかみ込む恐れがある。こうなると抜き差しできなくなり失敗するので、直径5〜6mmの三つ打ちの荷造りひもを使うこと。ハリヤード交換に失敗したときは、マスト上部へ登る作業が必要となる。マスト登りは危険であり、1人では交換もできないので、失敗した際の回復作業はプロに依頼することをおすすめする。

前項ではシップシェイプの第一番として、ロープの端止めや、ハリヤードやシートをコイルアップする方法を解説した。シップシェイプは整理整頓から始まるが、これらのロープワークは、艇の性能を発揮して安全に長距離航海を達成するために、帆船時代から受け継がれてきた欠かすことができない技術である。

今回は、シップシェイプにかなった係留中のハリヤードとセールの固縛、および長距離航海に適したセールのメンテナンス法について解説する。

係留中のヨットは、静かに舫われているだけであるが、シップシェイプの出来具合は人目につきやすい。ハリヤードがマストをたたく音で、船中泊をしている隣接艇から苦情を受けることがある。メインシートブロックのシャックルが外れると、艇のローリングによってブームが左右へ暴れまわり、隣の艇を傷つけることもある。自艇の航海の安全のためにも、周囲に迷惑をかけないためにも、入念にシップシェイプを整えておきたい。

ジブハリヤードの留め方

ジブを外して収納しているとき、ハリヤードの留め方には注意が必要だ。ハリヤードをマストに沿わせておくと、風にあおられてハリヤードの中間部がマストをたたく。騒音を立

てるだけではなくロープも傷んでくる。何よりマストによくない。カーボンや木製のマストは言うに及ばず、アルミ製のマストであっても表面にダメージを受けるので、ハリヤードはマストをたたかないように留めなければならない。これを防ぐためには、バウパルピットにハリヤード端部のスナップシャックルを留め、ハリヤードをウインチにかけてぴんと張っておくことである。緩んでいるとハリヤードがフォアステイに接触して、やはりロープが傷んでしまうからである。スピネーカーハリヤードも、同様に対策を行う。

ハリヤードがマストをたたく「カンカン」という連続音を、ヨットらしい風情ということもできるが、シップシェイプの観点から見れば、技術の未熟さを表しているので気を付けよう。

メインハリヤードとブームの整理法

35ft以下の中小型艇の場合は、係留場所へ戻ってメインセールを格納するときは、ヘッドボードからハリヤードシャックルを外してブームエンドにシャックルを止める。

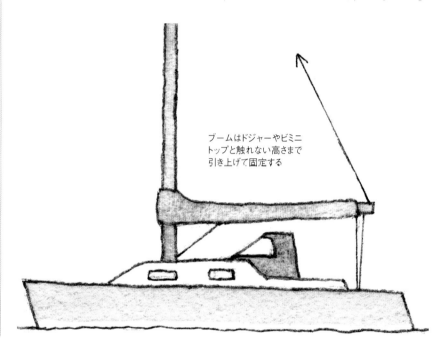

ブームはドジャーやビミニトップと触れない高さまで引き上げて固定する

ファーリングジブの格納法

ファーリングジブは、巻き取った状態で放置しておくと、風が強くなった時に緩んだセールの隙間から風が入り、ほどけてしまう場合がある。開いてしまったファーリングジブは、風をはらんで大きな被害を生むことがある。セールや艇を破損させることがないよう、次の手順にしたがって確実にファーリングしよう。
①ジブに風を受けたまま、ジブが半分くらいシバーするまで風下のジブシートを緩める。
②両側のジブシートを手に持ち、テンションをかけながら、ファーリングラインを引きジブを巻き始める。

③ジブをすべて巻き終わったら、さらにファーリングラインを引き、ジブシートを3〜5回、緩みなく巻き付かせる。
④ファーリングラインを、クリートなどへ確実にロックする。
⑤両舷のジブシートに、ウインチを使ってある程度のテンションをかける。
⑥ジブシートはクリートなどへロックして、コイルアップする。
⑦暴風などが予測されるときは、風がセールの隙間へ入らないように、クリューの上下にショックコードを強く巻きつけてから固縛しておく。

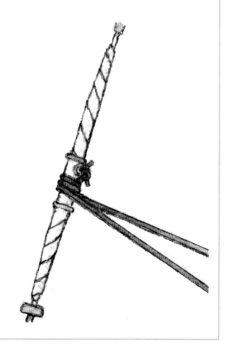

メインセールは港外で降ろしてから入港する。
レイジージャックなどの艤装があると便利だ

そしてハリヤードウインチを使って、メインハリヤードにテンションをかける前に、ブームバングとメインシートを緩めておく。ドジャーやビミニトップを装備した艇の場合は、メインセールカバーとの接触を避けるために、ブームエンドを十分な高さまでハリヤードを引いて上げ、その後にメインシートを引いてブームを固定する。

このとき、メインシートだけでは、艇のローリングによってブームが左右に動き、カバーやシートを摩耗させるので、両舷のムアリングクリートなどからブームエンドへ、逆V字形に追加の補助ロープを取り、ブームを固定しておく。

またドジャーとビミニトップは、台風シーズンにはUVクロスの部分を取り外し、折りたたんでおく。

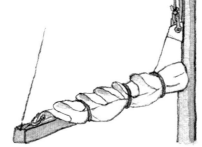

係留が終わったら、メインセールをきれいにたたみ直す

メインセールの格納法

ラフにスライダーを装着しているメインセールは、多くの場合フルバテン仕様となっている。さらにレイジージャックを装備していれば、セールを降ろすときにはひとりでにフレークダウンしたかのようにたたんで降ろすことができるので、シングルハンダー

には役に立つ。レイジージャックの装備がない艇やボルトロープ仕様の艇は、入港前にセールダウンしたときに簡易にセールをまとめるが、セールカバーをかける前に、フレーキング（ブームの左右にセールを振り分ける）でセールをたたみなおす。次にセールを揚げるときに、スムーズにラフが上がっていくための段取りである。

どちらの場合であっても、艇の大きさにあわせて、直ちに3〜5本のセールタイを使って、セールに風がはらまないようにする。メインセールカバーをかけてセールを完全に収納するのは、舫いロープを取ってからにする。不意にエンジンが止まった場合を想定して、航行中はいつでもセールを揚げられるように備えておくことが肝心だ。

セールカバーも、強風時には風を巻き込んで破損する場合があるので、セールカバーの上からも、同数のセールタイで締め付ける。セールカバーの上部をファスナーで閉じるタイプの製品もある。このタイプにはマストを覆う個別のカバーが付属する。このカバーの部分も風をはらみやすいので、セールタイで縛っておくほうが安全である。

ファーリングジブの形状

多くのクルージング艇は、ジブファーラーを装備している。ファーラーに巻き取っていくジブの形状から、強風時にはジェノアをリーフしてレギュラージブとしても使うことができると、長距離航海の煩雑なジブ交換から解放される。

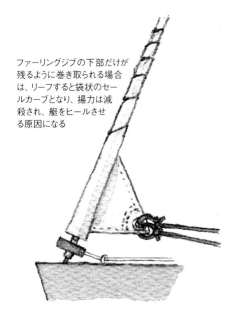

ファーリングジブの下部だけが残るように巻き取られる場合は、リーフすると袋状のセールカーブとなり、揚力は減殺され、艇をヒールさせる原因になる

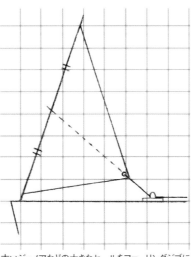

古いジェノアなどの大きなセールをファーリングジブにリカットする場合。ラフの中間点からジブリーダーに線を引き、その線上にクリューを設定する

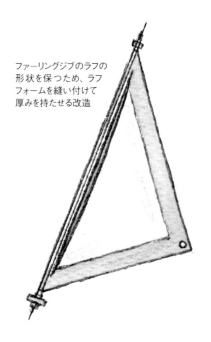

ファーリングジブのラフの形状を保つため、ラフフォームを縫い付けて厚みを持たせる改造

ジブのフットが、下部へ集中して巻き取られていくタイプは、リーフしては使えない。その理由は、①フットがリーチよりも早く巻き取られると、ジブシートリーダーの位置を前方に移動させねばならないが、ジブシートリーダーの長さが不足する。②フットが先に巻き取られることで、セールのカーブが袋状に変化するので、前進力に役立つ揚力を効率よく生み出さなくなる。である。

古いジェノアジブを、ファーリングジブにするためにリカットする場合は、次の手順が参考になるだろう。①ジブの三辺であるラフとリーチ、それにフットの長さとジブシートリーダーの位置を採寸して方眼紙に作図する。ラフの中間点からジブシートリーダーを結ぶ線を引き、その線上にクリューの位置がくるようにする。②作図した図をもとにセールメーカーに相談する。巻き取ったときにセールのラフが袋状になるのを防ぐために、ファーリングジブのラフに厚みを縫い付ける方法もある。

セールを新調する場合、上記の事柄をセールメーカーに確認すれば、リーフも可能な長距離航海に使えるファーリングジブが出来上がる。

ファーリングジブによって、ある程度のサイズまでジブのリーフが可能となっても、長距離航海にはストームジブの用意が欠かせない。航行区域が沿海以上の場合は、ストームジブが法定備品の一つとなっている。しかしさらに大切な理由は、厚手のセールクロスでフラットなカーブを持つストームジブでないと、嵐と戦うのに必要な揚力を発揮できず、セールとして役に立たないからだ。

*

長距離航海へ赴く外洋艇のシップシェイプを整えるには、ロープやシート、ハリヤードやアンカーロードの整備に加えて、セールにも多くの側面からメンテナンスを施す必要があることを解説した。自分自身で愛艇と向き合うことは、航海と同じくらい楽

荒天下ではファーリングジブは巻き取り、新たにストームジブを揚げる

しい作業である。シーマンシップはアートであるから、正解は一つではない。その艇とオーナーにとってのベストの解答に近づけるために、シップシェイプを整える試行錯誤を繰り返し、自己のシーマンシップを向上させる挑戦を続けてほしい。

メインセールの改造

長距離航海を目指すならば、ジブと同様にメインセールも、プロの手を借りたメンテナンスが必要である。

①スリーポイントリーフからツーポイントリーフへの改造

中型以上の外洋艇ならば、多くの艇がスリーポイントリーフを装備している。ショートハンドの航海を行う場合は、頻繁にリーフと解除を繰り返すわけにはいかない。体力を温存してスタミナを保つことが、安全な航海に直結するからである。

そのためにはワンポイントとツーポイントとの間に、新しくリーフポイントを設け、これをワンポイントリーフとする。この新しいリーフポイントは、セールエリアをおよそ75%とする位置とし、レギュラージブのエリアまでリーフすれば、適応風速は約9m/sとなる。これは風位がクロースホールドの場合であるから、フリーの風位では適応風速の最大値はさらに強風寄りとなる。

スリーポイントリーフを新しくツーポイントリーフとするが、このリーフポイントの位置までリーフすると、セールエリアは約50%となる。このような強風下では、レギュラーサイズまでファーリングしたジブでも面積が過大となるので、ファーリングジブはすべて巻き取り、ストームジブへの交換を行う。ストームジブの面積は、フォアトライアングルの約25%なので、スリーポイントリーフしたメインセールと組み合わせれば、約16m/sの嵐でもクロースホールドで戦うことが可能となる。しかしこの状態では、平均風速の1.5～2倍の瞬間最大風速が襲いかかることを忘れてはならない。

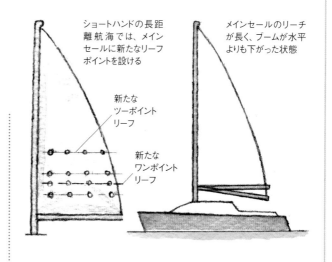

ショートハンドの長距離航海では、メインセールに新たなリーフポイントを設ける

新たなツーポイントリーフ

新たなワンポイントリーフ

メインセールのリーチが長く、ブームが水平よりも下がった状態

②ブーム後方が水平以下に下がるならば、リーチを短くカットする

メインセールをセットして、ハリヤードを上部までいっぱいに上げてもブームの後端が下がる形状を持つメインセールも見かける。しかしコクピットのクルーにとっては、タッキングやジャイビングの際に、頭上を飛び交う低すぎるブームは危険極まりない。したがって、長距離航海には適さないセール形状である。

このようなメインセールは、セールメーカーでリカットの相談に乗ってもらおう。25ft艇ではブームエンドが水平から10cm、30ft艇なら20cm高くなる位置までリーチをカットして、補強のパッチを当てた上からクリューのグロメットを打ってもらうとよい。カットする部分のセールエリア減少はわずかなので、帆走性能への影響は少ない。

木部のメンテナンス

これまで、ロープワークやセールの格納法について解説をしてきた。シップシェイプは、帆船時代から受け継がれてきた技術であり、艇の性能を発揮させ長距離航海の安全を支える、重要なシーマンシップである。ここではその仕上げとして、艇の外部木製部材の塗装と手入れについて手順を解説する。

量産艇の多くは、メンテナンスを軽減するために、外部の木製部材をステンレス製やFRP製に置換しているが、ティラーやグラブレール、コクピットなどに木工部分が残っている艇も多い。チークがオイルで潤い、木部のニスが輝いている艇を見ると、オーナーの気概と愛着が伝わってくる。しかし手入れを怠り、ティラーやグラブレールのニスがはげていては、いかにもみすぼらしい。チーク材がカラカラで、汚れて黒ずんでいるようでは、高価なヨットも台なしである。

木部の手入れの状況を見れば、その艇のオーナーのシーマンシップのレベルがわかる

塗装作業は美観だけではなく、作業中に各部のひび割れや腐朽も発見できる。手入れを行き届かせることは艇の健康診断となり、航海の安全に直結する。大型艇や、広い面積のニス塗りを自分で行うことは難しいのでプロの手を借りることになるが、30ftより小さい艇ならば、楽しみながら自分で手入れをすることが可能である。

外部のニス塗りは、毎年一度の手入れを行えば常に美しい状態を保ち、また手入れにかかる時間も少なくて済む。2年以上放置すると、紫外線によって劣化した塗膜が、木部の表面からはがれてくる。こうなると劣化した塗膜全体をはがし、下地から作り直さなければならないので、2倍以上の時間が必要となる。

ニスの種類と塗るための道具

現代でも最高級のニスは、亜麻仁油と松脂を調合したものであるが、市販はされていない。ストラディバリウスのバイオリンは、このニスを松根油で薄めて追い塗りを繰りかえして、木部の内部まで浸透させることで狂いをなくし、音色を締めたと言われている。その名器としての価値は、300年後の今でも変わることはない。一方、ヨット用のニスに求められる耐候性は、楽器の比ではない。海上は、陸上に比べて10倍以上といわれる紫外線にさらされる。雨や雪にもさらされるので、過酷な環境に耐えられるものでなければならない。ホームセンターのニス売り場を見ると、10種類以上の製品が並んでいるので、どれを選べばよいのかが分かりにくい。ヨット用としては、下の表を参考にして、紫外線吸収剤を配合した1液性の油性ウレタンニスを選択する。

また、2年以上手入れをしなかったために、上部半分のニスがはがれてしまったティラーの塗り替えを想定して、ニス塗りに必要な道具を右ページ下に紹介する。

ニス塗りの手順

ニス塗りは、3回の仕上げ塗りを含めて合計2日間の工程となる。作業は、雨天や極寒時には避けるほうがよい。湿度が高いと白化する（塗膜が白く濁る）場合が

ニスの種類

種類	耐候性	特徴
水性ニス	×	屋内の木部や工作品への塗装用。刷毛は水で洗えて便利であるが、ヨットには内外部ともに使わない。また水性ニスの上に油性ニスを塗る場合は、下地からすべてはがす必要がある。
油性ウレタンニス	◎	ウレタン樹脂ベースの油性ニス。紫外線吸収剤を配合した屋外用の製品は、ヨットの外部にも使用できる。刷毛塗りで仕上げが可能で、シンナーにはペイントうすめ液を使う。
2液性ウレタンニス	○	ウレタン樹脂を硬化剤と反応させて、硬度の高い強靭な塗膜を作る。塗装にはエアスプレーを使用し、硬化前に塗り重ねることで、一度に厚く塗ることができる。ヨットの内装木部に使用する。

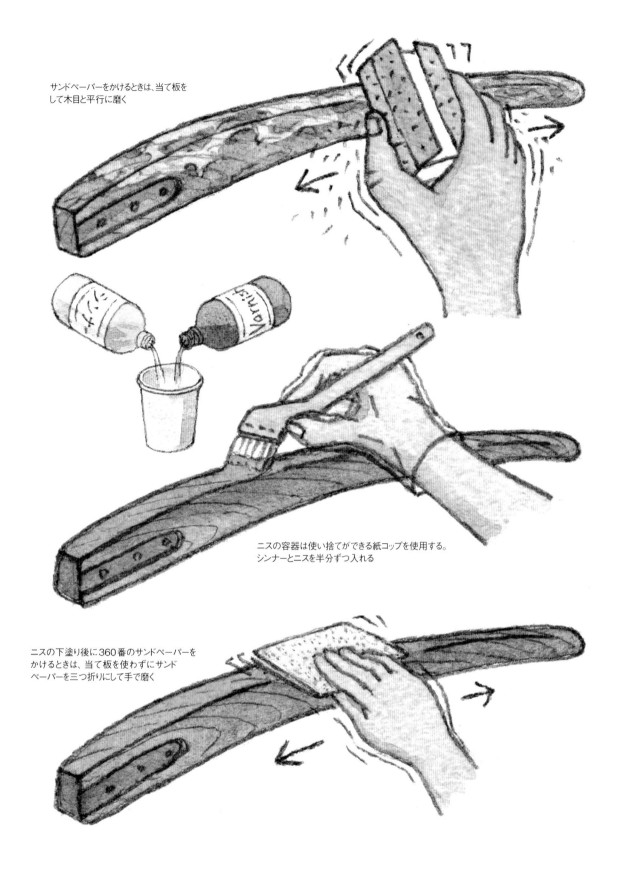

サンドペーパーをかけるときは、当て板をして木目と平行に磨く

ニスの容器は使い捨てができる紙コップを使用する。シンナーとニスを半分ずつ入れる

ニスの下塗り後に360番のサンドペーパーをかけるときは、当て板を使わずにサンドペーパーを三つ折りにして手で磨く

ある。また厳冬期には、1工程の乾燥時間に丸1日が必要となり、仕上がりまで4日を要する。

　以下に、木製ティラーの塗り替えの例を示すが、毎年1回の手入れを行うときは、④から⑪までを省略することができる。

①ティラーをラダーヘッド金具から取り外す。
②ティラーに固定されている、エクステンションティラーなどの台座や金具をすべて取り外す。
③取り外した部品とネジをひとまとめにして、箱に保管しておく。

④裸にしたティラーに、割れや腐朽がないか点検する。
⑤割れや腐朽があれば、低粘度エポキシ樹脂を塗布し、浸透させて固める。
⑥80番のサンドペーパーを4分割して、発泡スチロールの当て板のまわりに巻き

ニス塗りに必要なもの

● **油性ウレタンニス**
アサヒペン超耐久屋外用ニスクリヤ、和信ペイント 外部用ウレタンニスクリヤー、インターナショナル社ゴールドスパーオリジナルなど、紫外線吸収剤が添加されている製品を選ぶ。ティラーの場合、使用量は約0.2L。

● **ニス刷毛**
ヤギの毛を使用した、白く柔らかい筋交(すじか)い刷毛を選ぶ。刷毛のサイズは30mm幅が適当である。使用前に80番のサンドペーパー上で刷毛を前後へしごくよ

柄が斜めに傾斜していて、鉛筆を持つ要領で塗れる筋交い刷毛

うに動かして、抜け毛を取り去っておく。

● **紙コップ**
ニスを小分けし、薄め液と調合する。

● **シンナー**
ペイントうすめ液は、刷毛なども洗うので0.5Lを用意する。ラッカーうすめ液と間違ってはならない。

● **サンドペーパー**
80番、180番、360番のドライペーパーを1枚ずつ用意する。ホームセンターで販売している紙やすりは、目詰まりを起こし作業性が落ちるので、3Mや日研などのメーカー品を選ぶ。

● **ウエス**
ごみや汚れがない綿製のウエス。シンナー拭きに使う。

● **ティッシュペーパー**
シンナーをしみこませて、はみ出たニスや手についたニスをふき取る。

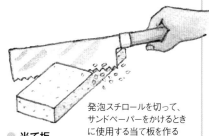

発泡スチロールを切って、サンドペーパーをかけるときに使用する当て板を作る

● **当て板**
サンドペーパーを包んで、研磨するための台座。50mm×100mm×厚さ20mm位の大きさに、発泡スチロールを切って作る。

● **マスキングテープ**
ニスが不必要な部分にはみ出ないよう、ニスを塗らない部分との境界線に貼る。

● **軍手またはビニール手袋**
ニスやシンナーが手に付くことを防ぐ。

● **ゴーグル**
刷毛を返したときに、飛び散ったニスが目や眼鏡に付くことを防ぐ。

つける。

⑦ニスのはがれている上面は、当て板をした80番のサンドペーパーで、木地が出るまで木目と平行に磨く。

⑧エポキシ樹脂を塗布して盛り上がった面は、平滑になるまで磨く。

⑨ニスが残っている面を含む全体を、180番のサンドペーパーで、木目と平行に磨く。

⑩紙コップにニスを取り出しシンナーを50%入れてよく撹拌して下塗り用のニスを作る。

⑪木地が出た部分に、下塗り用のニスを3回追い塗りする。追い塗りとは、下塗り用ニスが表面から木材の内部へ浸透した

のを見計らって、乾燥を待たずにさらに塗り重ねる作業である。

⑫半日後に下塗りが乾燥したのを確認し、ティラー全体に360番のサンドペーパーをかける。このときは当て板を使わずに、4分割したサンドペーパーを三つ折りにして、3面を順番に使って手で磨く。

⑬シンナーを浸透させたウエスで全体を拭き、表面の研ぎカスを取り去る。

⑭紙コップにニスを取り出し、夏季は5%、冬季は10%のシンナーを入れて撹拌し、上塗り用のニスを作る。

⑮木目に沿った方向に刷毛(ハケ)を動かし、ティラー全体に1回目の上塗りを行う。

⑯半日後に360番のサンドペーパーを軽くかけ、シンナーを浸透させたウエスで研ぎカスを拭き取る。

⑰同様にして、上塗りを合計3回行って仕上げる。

⑱ニスの乾燥後に、取り外した金具を取り付ける。

⑲ティラーをラダーヘッドへ取り付ける。

使用中の刷毛は、紙コップへ取りだしたシンナーで洗い、ビニール袋で覆った別の紙コップにシンナーを入れてその中へ浸けておけば、すぐに使うことができる。長期間刷毛を使用しないときは、塗装後の刷毛をシンナーで3度洗いして、ニスを取り除き保管しておく。

オイルフィニッシュの手順

コクピットやデッキに張ったチーク部分は、表面に木目を残して、滑りにくい仕上がりとなるようにメンテナンスする。チークオイルは、ニスよりも木材内部に浸透し、表面に硬い塗膜が残らない。表面を整え、チークオイルを浸透させる作業をオイルフィニッシュという。

ここでは、コクピット両舷の座面に張ったチーク部分の手入れを例として、手順を紹介する。

使用中の刷毛は放置せずに紙コップに入れたシンナーで洗い、別の紙コップにシンナーを入れて浸けてビニール袋で覆っておけば、すぐに再利用できる

オイルフィニッシュに必要なもの

◉ **チークオイル**
亜麻仁油や桐油などの乾性油を原料とした伝統的なチークオイルを使用する。製品としては、アマゾンゴールデンチークオイル、スターブライトチークオイルなどの輸入品に並んで、国産品も多数販売されている。

◉ **シンナー**
ペイントうすめ液を使用する。フッカーうすめ液やその他のシンナーを使ってはならない。

◉ **チーククリーナー**
チーク部の表面に付着したごみを、アクとともに洗い流す洗剤。2液で構成され、洗浄後に塗布する中和剤が付属する製品が多い。製品によって使用法が異なる場合があるので、取り扱い説明書に従う。

◉ **タワシ**
ナイロンタワシよりも、シュロを使った亀の子タワシのほうが、隅々まで汚れが取れる。

◉ **散水ノズル**
清水を大量に使うので、水道につないで使用する。

◉ **刷毛またはスポンジ**
小面積の場合は刷毛を使い、広い面積へ塗布するときはスポンジを使う。刷毛、スポンジともに使い捨てにする。

①コクピット全体に清水を散水して、チーク部分を十分に濡らす。

②チーククリーナーをスポンジで十分に塗布して、30分ほど放置する。

③その後、チーククリーナーを塗布した上からタワシでこすり、汚れをかき出す。

④散水しながら、チーク部分をタワシでこすり洗いする。

⑤汚れがアクとともに取れたら、乾燥させる。もしまだ汚れが残っているときは、②から繰り返す。

⑥乾燥後は、80番のサンドペーパーに当て板をあて、木目方向と平行になるように、チーク材の表面を磨く。

⑦チーク材から出た磨きカスを、ほうきなどで清掃して取り去る。

⑧チーク材周囲のFRP部分にマスキングテープを貼り、チークオイルが付かないように養生する。

⑨チークオイルにシンナー（ペイントうすめ液）を50％混ぜて、下塗り用オイルを作る。

⑩磨いたチーク部分に、下塗り用オイルを刷毛やスポンジで十分に塗布する。

⑪オイルが乾燥する前に、さらに2～3度、追い塗りを行う。

⑫翌日まで乾燥させた後、上塗りとしてオイルの原液を十分に塗布する。家具のオイルフィニッシュの場合はここでオイルを拭き取るが、ヨットの仕上げではオイルが浸透するまで放置する。

⑬1日後に、マスキングテープを外して完成となる。

　以上に解説した手入れ法は、木造ヨットの造船所で行われてきた伝統的な手順に基づいている。名器と言われる楽器に施されたニスの塗り方や、高級家具のオイルフィニッシュにも相通ずる手法が使われているのには意味がある。安易な方法を選ばずに、伝統的な手順を踏んだほうがかえって手数が少なく済み、仕上がりも良い場合が多い。毎年ニスを塗り重ねた飴色に輝く木部のつやは、よく手入れされた、信頼に足るフネであることを雄弁に語っている。

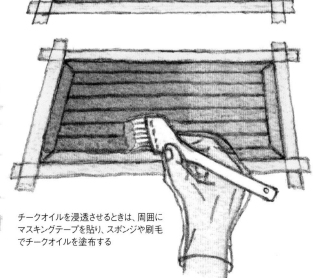

チークオイルを浸透させるときは、周囲にマスキングテープを貼り、スポンジや刷毛でチークオイルを塗布する

木部にチーククリーナーを塗布して、タワシで磨く

69

6章

ナビゲーション（航海術）の基本

ヨットには、リグと船型との組み合わせによって、さまざまな個性が生じる。素直、頑固、へそ曲がりなど多彩で、人間と同様に、ここ一番というときに限って、普段とは別人のように異なる性格を現すこともある。思いもかけない性格の持ち主とわかっても、すでに自艇を持っている場合は、簡単に乗り替えるわけにはいかないので、航海の伴侶である自艇の個性を生かす準備が必要となる。そのためには、航海を計画する前に嵐の中でシェイクダウン（試験航海）を行い、自艇の性格を把握することが重要だ。なぜなら、ヨットの性格に合わせた航海計画を立てることが、安全な航海に不可欠であるからだ。

航海計画とナビゲーション

航海計画などは、いくら綿密に立てても天候や風の状況は計画通りにはいかない。トラブルも考えられるので、ETA（到着予定時刻）通りに入港できるとは限らない。

そのような考えが、頭をよぎるかもしれない。しかし考えてみてほしい。計画なしに予定が立たないのは、陸上も海の上も同じである。航海計画があって初めて、ETAよりも遅れているのか、早くなっているのかが判断できる。確かに、思わぬトラブルに見舞われることもある。そのようなときこそ、航海計画があることで、目的地へ日没前に到着できるかどうか冷静な判断を下すことができる。

たとえ2、3日の航海であっても、1週間以上にわたる長距離航海であっても、航海には計画が欠かせないことが、おわかりいただけるだろう。

GPSを搭載していても座礁は起きる

長距離航海の計画は、チャート（海図）にコースをプロット（作図）し、コースとETAを割り出し、それらを航海計画書に記入して完成させる。今ではGPSが普及しているので、タブレットやパソコンのチャートプロット画面で目的地を入力すれば、コースもETA

もたちまち表示される。しかし思い出してほしい。最新の電子航海機器を装備した米国のイージス艦が、2017年1月に横須賀沖で座礁した。原潜〈サンフランシスコ〉は、2005年1月にグアム付近で海山に衝突して99人の死傷者を出した。2016年11月、ボルボ世界一周レースの途中で、〈ヴェスタスウインド〉はインド洋の真っただ中にある孤島のリーフに激突したのである。最新装備のレース艇が、座礁して沈没したのである。〈ヴェスタスウインド〉に乗っていたのは、世界でも有数のナビゲーターといわれていたウォーター・ヴァーバックであった。搭載されていた電子チャートを拡大すれば、座礁したカルガドス・カラホス諸島付近のサンゴ礁は容易に確認できたという。

身近なところでも石垣島、伊江島、瀬戸内海など、ヨットで座礁する事故は後を絶たない。軍艦や最新鋭のレース艇には無論のことであるが、これらのヨットには、すべてGPSがあり、プロッターで自艇の現在位置が常にリアルタイムで表示される環境にあった。ではなぜ、座礁事故が起こったのか。それは、情報を判断するのは人間だからと考えるほかはない。いかなるベテランナビゲーターでもミスはする。思い込みも起きる。疲労すれば、ミスや思い込みはさらに重なるものである。

ましてビギナーならば、プロッターの画面に現在位置が表示されていれば、それだけでもう安全だと錯覚しがちである。しかしその現在位置は、道路上を走る自動車とは異なり、その都度「評価」が必要なのだ。そこが危険なのかどうか、どちらへ向かえばより安全なのか、評価を行う技術が、ナビゲーションである。

カーナビで沖縄まで航海できる？

あるヨットは、九州から沖縄へカーナビを

GPSを利用した電子プロッターや電子チャートを使いこなすためには、知識や技術が必要だ。常に安全な場所（道路上）を案内する自動車のカーナビと同じようなものととらえてはいけない

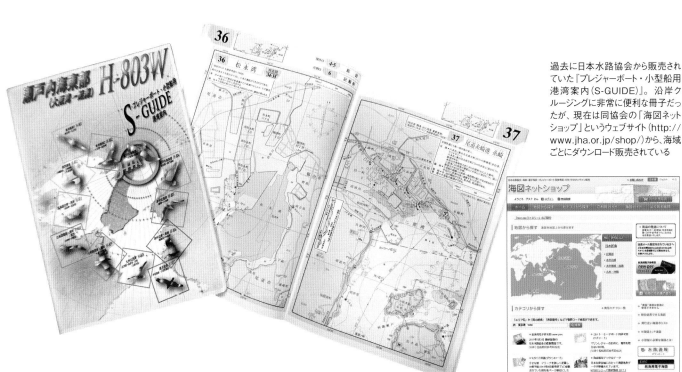

過去に日本水路協会から販売されていた『プレジャーボート・小型船用港湾案内（S-GUIDE）』。沿岸クルージングに非常に便利な冊子だったが、現在は同協会の「海図ネットショップ」というウェブサイト（http://www.jha.or.jp/shop/）から、海域ごとにダウンロード販売されている

頼りに航海してきた。「カーナビで十分ですよ」そのスキッパーは言った。私は言葉に詰まり、「運がよかったですね」と、ようやく一言だけ返すことができた。

　自動車では、今やカーナビの装備は当たり前といってよい。草原や砂漠を走るのではない限り、自動車は道路上を走る。カーナビは、道路に沿って行き先までの案内を表示する。その道順案内には、通常何の不安もない。しかも目的地へのETAは、スピードに対応してその都度変更される便利さだ。

　便利で安心できるのは、道路には岩が転がっていたり、大穴が開いていたりすることがまずないからだ。現在位置は、常に安全な道路上にある。

　ナビゲーションのビギナーは、GPSをカーナビと同様に考えて、海上でも現在位置さえわかれば大丈夫だと誤解しやすい。海には浅瀬があり、岩も出ている。しかも潮流や海流があるので、まっすぐに走っていても知らないうちに横流れが起きている。ルートからいつの間にか外れてしまうのが、海上の道である航路なのだ。

　それゆえに、現在の位置と進路が安全なのか危険なのか、常に評価が必要となる。評価を行うには、技術が必要だ。海のカーナビともいえるGPSは、電子チャートを備えている。電子チャートには、海図と同じように浅瀬などの危険物や、左右どちらを通るべきかを示す航路標識も表示される。

　しかし海図上に表示されているのは、すべて記号である。記号の意味を解読する

には、知識が必要だ。先にあげた国内での座礁事故のほとんどは、記号が示す方向とは反対側を航行して起こっている。右へ行くべきところを左へ、東側を通るべきところなのに西側を航行しているのだ。

チャートプロッティングの用具をそろえる

　GPSを搭載しているだけでは安全とはいえないことは、事故例を見ても明白である。電子チャートは、ナビゲーションの技術があって初めて使いこなすことができるものである。航海の計画は、紙のチャート（海図）の上で行うほうが、思い込みやミスを防ぐことができ、トレーニングにもなる。

　チャートにコースをプロットして、航海計画を立てるには一定の技術が必要となる。チャートプロッティングの技術については次項で述べるが、まず初めに必要な用具をそろえよう。戦う前に情報と適切な武器を選ぶのは、古今東西変わりない。

①チャート

　例えば、日本からサンフランシスコまでの太平洋横断の航海計画には、北太平洋を西部と東部に分けた2枚の海図が必要となる。このサイズのチャートは2,000万分の1の縮尺となる。無論、寄港地の周辺のチャートも必要だ。しかし海上保安庁刊行の海図がカバーしている海域は、日本の周辺からオセアニアまでである。

　また、もし大阪湾から屋久島までの航海計画を立てるならば、次の20万分の1海図が必要となる。「W77 紀伊水道及付近」、「W108 室戸岬至足摺岬」、「W1220 足摺岬至宮崎港」、「W1221 大隅海峡東部及付近」の4枚である。

　海図は変針点の位置をプロットし、レグごとのコースと距離を割り出すのに使う。

②潮汐・潮流表

　大阪から屋久島への航海ならば、瀬戸内海、九州、南西諸島沿岸の潮汐表が必要となる。潮流を有利に利用したり、アンカリング時の水深が十分かどうかなど検討するのに使用する。

　潮汐・潮流表には、標準港の潮汐と主要な瀬戸の潮流の予報値および、その他の場所に対する改正数が記載されている。これらの予報値は、毎年更新されるのを忘れてはならない。さらに広範囲の海域には、日本および付近の潮汐表第1巻と、太平洋およびインド洋海域用の第2巻が刊行されている。

　大洋横断の航海計画には、潮流ではなく海流の流向と流速の情報が必要となるので、パイロットチャートに掲載されている海流図が役に立つ。

③プレジャーボート・小型船用港湾案内

　日本を12海域に分けて、漁業やマリーナなど小サイズの港湾を掲載した『プレ

ジャーボート・小型船用港湾案内（Sガイド）』という冊子が販売されていた。入港方法や、陸上施設も詳細に記載されている。港湾が一冊にまとめられているので、寄港地ごとの詳細な海図を購入する必要がなく便利だ。障害物や風向による港湾内への影響も記述されている場合がある。日本の海域をヨットで航海するのであれば、水路誌やパイロットチャートを購入する必要は少ない。

現在は刊行が廃止となり、日本水路協会からダウンロード版が販売されている。自分でダウンロードしてプリントするときは、耐水紙の使用をお勧めする。

④水路誌と航路誌、パイロットチャート

日本近海よりもさらに遠方への長距離航海には、大切な情報源となる。海図に記載された以外の沿岸航行や入港などの航海の案内書である。大洋横断の場合は、四季ごとの恒常風をグラフで表したパイロットチャートがさらに必要となる。

⑤平行定規

平行定規は、海図上へ直線を描くのに使用する。計画コースを引くのも、航海途中にクロスベアリングで現在位置を作図するのにも必要だ。三角定規は、小型船舶の操縦士免許教習で使用するのでなじみがあるが、ヨットの狭いチャートテーブル

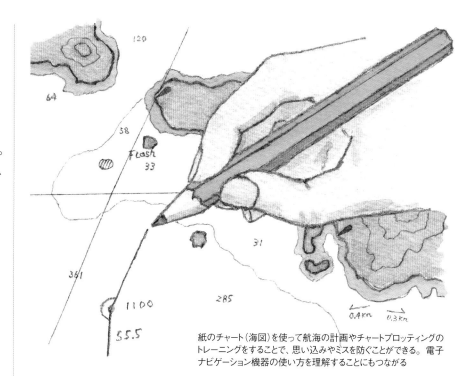

紙のチャート（海図）を使って航海の計画やチャートプロッティングのトレーニングをすることで、思い込みやミスを防ぐことができる。電子ナビゲーション機器の使い方を理解することにもつながる

では、平行定規のほうが使いやすい。米国海軍の潜水艦や小型艇では、平行定規が使われているとのことだ。

プロトラクター（分度器）付きの平行定規は、両側に角度目盛りが記されているので使いやすい。大中小のサイズがあるが、15インチの中型サイズをお勧めする。

⑥デバイダーとコンパス

デバイダーは、海図上で2点間の距離を測るのに使用する。片手で開閉ができる、ヨット用のシングルハンドデバイダーが市販されている。大きく開閉できるので、長い距離を測るときは使いやすい。頭部のねじで、開閉する固さを調節できるが、

精密さに欠けるきらいがある。

天文航法を含む精密なナビゲーションでは、脚の間のねじで開閉を微調節して固定することができる、ねじ式のデバイダー・コンパスのほうが使い勝手がよい。

⑦ハンドベアリングコンパス

ハンドベアリングコンパスは、航海中にクロスベアリングを行い、現在位置を特定する器具だ。岬や山頂などの陸上のターゲットのベアリング（方位）を測定する。

方位測定のためのコンパスが内蔵されていて、ダンパー液で動きが制御されている。揺れの激しいヨット上でも測定しやすい製品を選んで、必ず備えてほしい。

蓄光性を備えたモデルでは、夜間の測定時には懐中電灯で裏側から照射すれば、しばらくの間は、コンパスカードを読むことができるようになっている。

⑧鉛筆と消しゴム

鉛筆もしくはシャープペンシルを使う。芯の濃さは、2Bが昔から推奨されている。チャートは、上等の紙質を使用しているので、消しゴムで消して何度か描きなおしても耐えられるようになっている。

*

これでナビゲーションの準備は整った。次項ではこれらの用具を使って、航海計画立案の実際について考えていきたい。

平行定規は、狭いチャートテーブルでの作業で重宝する

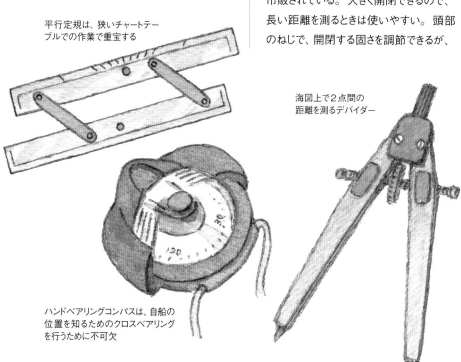

海図上で2点間の距離を測るデバイダー

ハンドベアリングコンパスは、自船の位置を知るためのクロスベアリングを行うために不可欠

航海計画は、まずチャート（海図）から

GPSを搭載していても事故は起こると強調してきたので、筆者（青木）はGPS無用論者かとの声があるようだ。しかし決してそうではない。私自身も、自分のクルージングにはこの便利な機器のお世話になるが、必ず紙のチャートも使っている。常に走行可能な道路上のルートを表示するカーナビとは異なり、船舶用のGPSは、危険な海域を避けてコースを表示しているわけではない。従って、現在の位置やコースが安全かどうか、「評価」する必要がある。正確な評価をするには、人間によるチャート上の作業が欠かせない。

座礁や落水などの事故は、見間違いや思い込み、油断や過信などによる判断のミスに起因する。ミスは誰にでも起こりうるが、それを防ぐのがチャート作業である。

オーバーナイトのセーリングで疲れていて、チャートの確認さえ怠っていたときのことだ。完成した自作艇〈信天翁二世〉号のシェイクダウンのために、大阪から伊豆大島へ航海していた。その帰り、大王埼灯台を夜明けに視認したあとだった。艇は5〜6m/sの北東風を受けて、観音開きで快走している。ひと休みしてコクピットへ戻った。前方を見て仰天する。そこには大きな岩が屹立していた。アッと驚いたがもう遅い。ジャイビングもタッキングも間に合わない。運を天に任せて、最も水深がありそうな岩と岩の間を狙って直進する。キールの下には、岩影が

見えている。危うく岩礁に激突するところだった。運がよかったとしか言いようがない。「海図なき戦い」という言葉が、しばしば使われる。「リスク」はアラビア語に由来する航海用語であるが、本来は「海図のない航海」を意味している。

寄港地を選定する

憧れの島へ、自分のヨットでクルージングしたい。その夢は海図を眺めることで動き出す。チャートを見ていると、夢の実現に必要なことが見えてくる。どこを通っていけばよいのだろうか。どの港へ寄港すればよいのだろうか。航海計画の第一歩は、寄港地の選定から始まるといってよい。ここでは、大阪湾北部から屋久島への外洋クルージングを想定して、航海計画を進めることにする。

大阪湾から屋久島までの航海では、航海計画を3分割することができる。この分割したそれぞれのコースをレグと呼ぶ。第1レグが大阪湾から室戸岬まで、第2レグが室戸岬から足摺岬まで、そして第3レグが足摺岬から屋久島までと設定できる。特別な目的がある場合を除けば、通常はそのレグごとに寄港地を選定する。チャートで第1レグを見れば、室戸岬港が載っている。第2レグの足摺岬の近くには、土佐清水港がある。

寄港地の選定と評価には、Sガイド（プレジャーボート・小型船用港湾案内）や本誌に掲載されているクルージング記事が参考となる。この航海では、SガイドDH803（瀬

戸内海東部）とDH802W（本州南岸2）およびDH809W（九州南西岸・東岸・南西諸島）が必要となる。現在はSガイドの冊子の販売は終了しており、日本水路協会の「海図ネットショップ」からPDFとしてダウンロード販売されている。

寄港地を決め、次に寄港地の間を結ぶコースを決める。チャートを見て、この島やこの海峡のどこを通るべきなのか、考えられる選択肢の中から妥当なものを選び取っていく作業である。次の手順に沿って航海計画を立案していこう。

チャート上にコースをプロット（作図）する

この航海では、まずチャートW106、W77、W108、W1220、W1221の5枚を、海図ネットショップ（https://www.jha.or.jp/shop/）から購入しよう。

チャートW106とW77を広げると、屋久島までの航海海域では、大阪湾北部から室戸岬までの第1レグが含まれている。室戸岬までには、淡路島、友ヶ島、伊島、蒲生田岬、日ノ御埼などの目標が散在する。これらの目標の間を結んで、目的地まで最短のコースを引くことが第一歩となる。最短コースを選ぶことで、航海時間を短縮でき、またそれが安全にもつながるからだ。

第1レグは大阪湾内のマリーナから室戸岬港までなので、その間を可能な限り直線コースで結び、折れ曲がる地点を変針点とする。チャート上にプロット作業を行うには、前項で述べた①から⑧までの用具と図誌を使用する。プロット作業の手順を詳しく知りたい場合は拙著『インナーセーリング2』を参照していただきたい。

変針点（ウェイポイント）を設定する

チャートを見てまず迷うのは、大阪湾の出口である友ヶ島の、東西どちらを通るかではないだろうか。海峡では常に潮流の影響があると考えるべきだが、ここではより可航域の広い西側の由良瀬戸を選ぶ。次に出航するマリーナの港口から、由良瀬戸の北側入り口付近を変針点に定める。ここでは友ヶ島灯台を180°、1M（海

チャートの確認を怠ったために、過去に筆者が体験した危険な状況。運よく大事には至らなかった

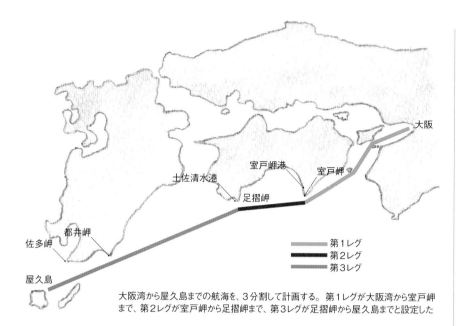

大阪湾から屋久島までの航海を、3分割して計画する。第1レグが大阪湾から室戸岬まで、第2レグが室戸岬から足摺岬まで、第3レグが足摺岬から屋久島までと設定した

凡例：
第1レグ
第2レグ
第3レグ

里）に見る地点を第1変針点と定めて、平行定規でコースを直線にプロットする。プロットには2Bの鉛筆を使用する。

第1変針点から室戸岬までの最短コースを見ると、次の第2変針点は伊島東岸付近となる。変針点は、顕著な陸標からアビーム（正横）となり、陸岸から1Mとなる地点を原則として定める。

チャート上の同緯度線上の目盛りから、コンパスまたはデバイダーで1Mを測り、伊島陸岸から1Mの距離をプロットする。チャートを見ると、伊島山頂にある伊島灯台が海図上に記載されているので、第1変針点からのコースと、陸岸から1Mの地点を平行定規で結び、コースをプロットする。次にプロットしたコースと伊島灯台とがアビームとなる交点をプロットして第2変針点と定める。

第2変針点からは、次の目標として室戸岬を選ぶ。チャートには、室戸岬灯台が掲載されている。同様に室戸岬陸岸から1Mを測り、コースとアビームとなる室戸岬灯台との交点を第3変針点と定める。さらに室戸岬南端を0°に見る地点から1M離して回り、室戸岬港口までのコースをプロットする。

これで第1レグの予定コースは決まったので、そのコースの評価を始める。

予定コースの評価方法

予定コースの評価とは、ここまでにプロットしたコースが航海を行ううえで、どのような障害や危険性があるのかを判定することだ。地形や潮流、天候や艇の状態によっ

て、360°の視角から検討を行う。その検討いかんによって、航海の安全性が左右されるといってもよい重要な作業である。ちょうど決戦を行う前の軍議と考えればよい。

シングルハンドでの航海は別として、なるべく多くのクルーと共に評価作業を行ったほうがよい。もちろんスキッパーは、クルーとの評価の前に、自分なりの評価を行っておきたい。シングルハンドの場合は、次に述べる手順を守ることで、思い込み、思い違いなどのミスを少なくすることができるだろう。

コースの評価のためには、海図記号や危険物をはじめ、灯台などの灯質を調べることが必要となる。これらは海図図式およびSガイドに付属するページに、図解付きで解説されているので参照するとよい。

①地形と危険物を確認する

チャート上には、山頂や岬、島などの地形が表示されている。灯台はもちろん、大きな煙突や建造物も掲載されている。これらの陸上形象物は陸標と呼び、航海上の目標として使うことになる。実際に航海するとき、陸標はバウを向ける目標となり、またベアリングフィックスでは、現在位置を決定するための目標としても利用する。その場で慌てなくて済むように、あらかじめ陸標の位置や形状を確認しておくことが大切だ。

次に、コース上や変針点近くにある島や岬の周辺海域を、チャートで入念に調べる。海には危険物があちこちにころがっている。干出岩（かんしゅつがん）や洗岩（せんがん）は目で見える場合もあるが、暗岩（あんがん）は海中に隠れている。

第1レグでは、まず由良瀬戸の西側に危険地帯があることを見抜かねばならない。チャートには、この危険地帯を示す航路標識が設置されていることが、記載されている。SガイドDH803の61ページには、その詳細が掲載されており、東方位標識の西側に水深2m以下となる浅瀬が広がっていることがわかる。航路標識を識別せずに、この浅瀬で座礁したヨットは数多い。北側の淡路島寄りから接近すると、東方位標識の西側に、水面が大きく広がっているように見える。たとえGPSが船首方向へ伸びるラインで直進を示しても、決して航路標識を無視してはならない。

次に吟味する地点は、第2変針点となる伊島と蒲生田岬周辺である。伊島の東側

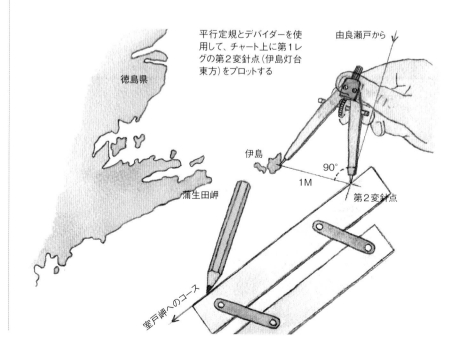

平行定規とデバイダーを使用して、チャート上に第1レグの第2変針点（伊島灯台東方）をプロットする

徳島県

由良瀬戸から

伊島

90°

1M

第2変針点

蒲生田岬

室戸岬へのコース

を変針点とせずに、西側を通り蒲生田岬の裏側を回れば近道ではないかとの誘惑にかられる。確かに西側にも可航域があるように見えるが、多くの洗岩と暗岩が待ち受けている危険海域だ。地元漁船や小型貨物船は通航するが、可航域はGPSの誤差範囲とされている±20mよりも狭いのだ。

第2変針点からは、四国南東岸に沿ってのコースとなる。コース付近に危険物はないが、陸標となる牟岐大島と出羽島の形状や標高と位置、および灯台の灯質を確認しておく必要がある。

②航路標識を確認する

チャートW106とW77は12.5万分の1と20万分の1の縮尺であるから、代表的な灯台と航路標識が掲載されている。したがって、このチャートに表示されている航路標識と灯台は、すべて確認しておかねばならない。

チャート上の灯台には、灯火の属性を示す灯質が記号で記載されている。灯台は、それぞれが固有の灯質を持っているので、灯質を判別できれば、どの灯台かを確認することができる。灯質の判別については、Sガイドの解説ページに詳しく載っている。

ETA（到着予定時刻）では昼間に航行することになっていても、灯質の確認は欠かせない。思わぬトラブルで夜間になることもあるからだ。その場で慌てて調べると、思い違いが起きやすい。事前に確認しておくことが、スキッパーの務めといえる。

航路標識は、危険物を知るのと入港時の航路を把握するために、必ず事前に調べておく。まず、目的港である室戸岬港付近については、港口までの入港コースと危険物を詳細に調べる。さらに、目的港ではなくとも、コース付近に港がある場合は確認しておく。なぜなら、トラブルや天候の急変などによって、予定していない寄港地へ急に入港する場合があるからだ。

避難港を選定する

トラブルが起きたその場では、新たに入港する港を調べる余裕はない。慌てると判断力は鈍る。これでは逃げ込もうとした

のに、自ら危険に飛び込むことになりかねない。座礁事故は入港時に起こりやすいことが、海上保安庁の報告書で明らかにされている。まして夜間に、未知の港へ入港するのは危険極まりない。

トラブルの原因としては、天候急変以外にも艤装品やエンジンの不具合や燃料の不足、さらに体調不良なども想定しておかねばならない。Sガイドには入港案内だけではなく、修理施設の存在も記載されている。トラブルに備えるために、変針点間には複数の避難港を選定しておく。思わぬ嵐に遭遇することも考慮して、風向に対する入港コースや、係留地の危険性についても調べておくとよい。

ここまで調べても、まだ想定外のことが起こるのが海というものだ。備えあれば憂いなしというが、故 横山 晃氏の好まれた孫子の一句は、私も座右の銘にしている。「来らざるを恃むなかれ、待つあるを恃むべし」

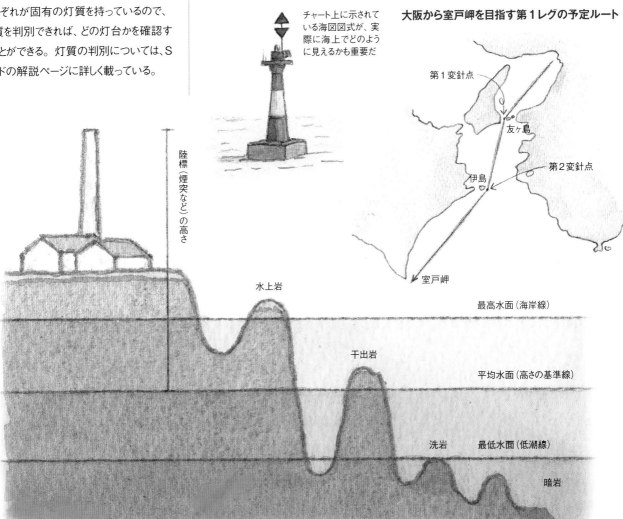

チャート上に示されている海図図式が、実際に海上でどのように見えるかも重要だ

大阪から室戸岬を目指す第1レグの予定ルート

第1変針点
友ヶ島
第2変針点
伊島
室戸岬

陸標（煙突など）の高さ
水上岩
最高水面（海岸線）
干出岩
平均水面（高さの基準線）
洗岩　最低水面（低潮線）
暗岩

自艇の位置を把握する

自作したディンギーで、泊まりがけのツーリング練習を始めたころだ。先輩の大藤浩一さんが言う。

『ここはどこですか?』、海の上で、これだけは聞いてはダメだ」

まるで笑い話のようだが、おかげで世界一周中には、一度も聞かずに済んだ。自艇の位置を把握しておくことがヨット乗りの誇りであり、聞かないといけない事態は恥なのだと学んだ。二つ目の恥は、次の機会に紹介しよう。

「聞くは一時の恥、聞かぬは一生の恥」ともいう。やむを得ず、聞かないといけない事態もあるだろう。しかし迷子にならないためには、航海計画を立てておくことである。海に出るために万全の準備を尽くす。これぞヨット乗りの心得であり、醍醐味である。

航海計画書を作成する

航海計画書(セーリングプラン)の作成は、日常的にセーリングしている海域では不要かもしれないが、未知の海域へ赴く場合は、たとえシングルハンド航海であっても必要な作業である。ましてスキッパーとして、クルーを統率する立場であるなら、コースをプロットしたチャート(海図)と航海計画書を提示し、出航前に情報を共有すべきであろう。

前項で触れたように、チャート上で手作業を行うことによって、コース上の危険物を把握して、どこを通るべきかの判断を事前に行うことができる。天候の急変やトラブルに見舞われると、判断の再評価を迫られる。十分に手をかけた航海計画があれば、緊急時の再検討がしやすくなる。

次に、プロットしたコースと変針点をもとに、航海計画書を完成させていく。チャートプロッティングという手作業を経て、航海計画書という頭脳作業へ移行することによって、納得がいくと同時に自信が深まる。その手順を追って説明する。

実際の作成手順

航海計画書は、青木ヨットスクールで使用している書式である。なお航海計画書は耐水紙へプリントしておくことをおすすめする。各項目を埋め終わった後に評価を行い、変更することもあるので、2Bの鉛筆またはシャープペンシルを使用して、以下の項目を記入する。

①船名と艇種

船名は、船舶検査証書に記載されている。船種はメーカーの呼称を使用する。

②計画者とスキッパー氏名

計画者とスキッパーは同一の場合もあるが、その場合であっても誰がリーダーとなるスキッパーなのかを明記しておく。

③航海速力

海上の速力はキロメートルではなく、ノットで表す。1ノットは1時間で1M(マイル=海里)進む速力である。

実際の航海では、計画よりも遅れてくるとスキッパーは焦りが出やすくなる。それを防ぐために、いつもの実感スピードよりは20%低く見積もっておく。26フィート艇で4ノット、30フィート艇で4.5ノット、35フィート艇で5ノット程度とする。計画の遅れを織り込んでおくことは、スキッパーの大切な技術の一つである。

④出発港と目的港

出発港は、ここでは新西宮ヨットハーバーとし、目的港は第1レグでの寄港地と

航海計画書 Sailing plan

船名 Boat name EAGLE 　船種 type Y30 　航海速力 Cruising speed 4.5 ノット
計画者 Your name 青木 洋 　スキッパー Skipper 青木 洋
出港予定日 ETD 2018/01/20/ 　出発港 Departure 新西宮ヨットハーバー
入港予定日 ETA 2018/01/21/ 　目的港 Destination 室戸岬港
乗組員氏名
Crew members

変針点 Way points 名称 Names	位置 Positions	航程 Log 所要時間 hours	予定時刻 ETA 実時刻 ATA	コンパスコース CC
出発港 Departure 新西沖港口赤灯台	34°40.7′N 135°18.8′E	*** ***	予 0700 実	*** ***
第1変針点 Point 1 由良瀬戸入口	34°17.9′N 134°59.9′E	27.7 M 6h09m	予 1309 実	222°
第2変針点 伊島灯台アビーム	33°50.4′N 134°50.3′E	28.7 M 6h23m	予 1932 実	203°
第3変針点 室戸岬灯台南	33°13.3′N 134°10.8′E	49.5 M 11h00m	予 0632 実	228°
第4変針点 室戸岬港灯台アビーム	33°15.3′N 134°08.9′E	2.5 M 0h33m	予 0705 実	328°
第5変針点	°′N °′E	M h m	予 実	°
第6変針点	°′N °′E	M h m	予 実	°
第7変針点	°′N °′E	M h m	予 実	°
第8変針点	°′N °′E	M h m	予 実	°
第9変針点	°′N °′E	M h m	予 実	°
第10変針点	°′N °′E	M h m	予 実	°
目的港 Destination 室戸岬港入口	33°15.7′N 134°09.6′E	0.8 M 0h11m	ETA 0716 AIA	058°
全航程 Total logs		109.2 M		
予所要時間 ETH		24h16m		
実所要時間 ATH				

記入許容誤差 位置±0.2′、航程±0.2M、時間時刻±05m、コース±002°
Allowance in positions ±0.2′, logs ±0.2M, minutes ±05, courses±002°

避難港 Emergency harbors

1. サンピアマリーナ　　2. 和歌山マリーナシティ　　3. 伊島漁港

©Aoki Yacht Corporation　www.aokiyacht.com　耐水紙使用

新西宮ヨットハーバーから室戸岬港へと向かう第1レグの計画を記載した航海計画書

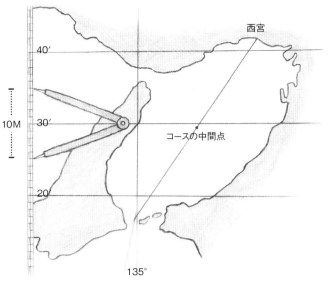

コースの中間点でデバイダーを使って緯度目盛りを取る（本文⑨）

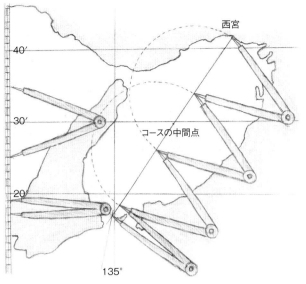

コース上でデバイダーを回して変針点間の航程を測る

なる室戸岬港を記入する。

⑤出港予定日と入港予定日

　この計画では冬の北風に乗って、屋久島へ航海することとして、出港予定日は2018年1月20日とする。入港予定日は、航海計画書がほぼ出来上がってから記入すればよい。

⑥乗組員氏名

　老若男女にかかわらず、艇に乗り込む全員の氏名を記入する。

⑦変針点

　航海計画書では、変針点の設定が一番大切なポイントとなるので、変針点ごとに詳しく解説を加える。変針点には、特徴的な名称を付けて記入する。

　起点：母港は新西宮ヨットハーバーであるが、出発港の起点としてはヨットハーバー沖の防波堤の先端に設置されている港口赤灯台とする。起点までは約2Mあるが、阪神港の港内であるから約30分の航程と考えて、ここでは計画から除外する。

　第1変針点：母港を出港して最初の変針点となるのは、友ヶ島灯台を180°1Mに見る地点とする。チャートには友ヶ島灯台の灯高は60mと記載されているので、いい目標となるだろう。コンパスコースに沿ってセーリングしながら、灯台をベアリングコンパスで測り、180°となれば変針点に到達したことが確認できる。由良瀬戸には、前項で述べたように、淡路島側に危

険海域が存在する。また瀬戸の中央には大型船用の航路が、青色で記載されていることも見過ごしてはならない。ヨットが航路内を航行することに制限はないが、大型船が輻輳するので見張りを厳重に行い、こちらから避航動作を取らねばならない。この第1変針点を「由良瀬戸入口」とする。

　第2変針点：伊島東部の陸岸から1Mをデバイダーで取り、第1変針点からのコースに対して、伊島灯台を右舷アビームに見る地点を第2変針点とすればよい。島影は判別しにくいが、伊島灯台の灯高は144mあるので、昼夜共に目標とすることができるだろう。ETA（到着予定時刻）は、日没後となることを考えておかねばならない。アビームに見る地点を変針点として設定するのは、変針点の確認が容易だからである。灯台がアビームに来たかどうかを調べるのに、ベアリングコンパスは不要だ。ドッグハウスの後端やメインシートトラベラーなど、進行方向と90°になる左右への延長線に、灯台が重なる地点と考えればよい。航行しているコンパスコースと、アビームの灯台とが交差することで、第2変針点へ到達したことが判明する。シングルハンドであっても、しけの中であっても、ステアリング中であっても確認しやすい。第2変針点は、伊島灯台アビームと名付ける。

　第3変針点：次の変針点は、室戸岬灯台をアビームとして、陸岸から1M離した地点を取り、コースをさらに延長する。そして室戸岬灯台を0°に見る線と、延長した線が交差する地点を第3変針点として、

室戸岬灯台南とする。室戸岬には沖合に干出岩、洗岩が広がっているので、陸岸から1M以上離さないといけない。灯台をアビームに見て変針すると、この危険海域へ接近するので、ここはコースを南側へ延長して大きく回ることにする。第3変針点の室戸岬灯台南からは、行当岬の先端を目標とするコースへ変針する。岬の先端はステアリングの際に、目標としやすいからだ。地名も使い方に合っているようだ。するとコースは、ちょうど陸岸から1Mほど離れるので、洗岩などが多い陸岸の危険海域からも十分に距離を取ることができる。

　第4変針点：室戸岬港へアプローチする最後となる変針点は、第3変針点からのコースに対して、室戸岬港灯台が右舷アビームとなった地点とする。アビームとなったことを確認して、室戸岬港灯台が目標となるように変針する。港口から入港すれば、これで第1レグのナビゲーションは成功したといえるだろう。もっとも、舫いロープを固めるまでは、安心してはならないけれど。

⑧位置

　出発港から各変針点を通り、目的港の緯度経度を書き込んでいく。位置を知るのには、変針点から近くの緯度線へ垂直となるようにデバイダーで測り、チャートの両側いずれかの緯度目盛りにデバイダーを当て、緯度を読む。同様に経度を測り記入する。度および分の単位は60進法であるが、分以下は10進法で記入すること。出発港と目的港の位置は、それぞれ

港口とする。

デバイダーで位置を測るのは、面倒な作業と思えるかもしれないが、屋久島までの3レグを実地練習することで、驚くほど習熟が進むだろう。

⑨航程（ログ）

航程はチャート上の距離のことなので、単位はM（マイル）を使う。1Mは緯度目盛りで1分の距離のことである。まず出発港と第1変針点との間をデバイダーで測り、近い側の緯度目盛りに合わせて距離を読み取る。デバイダーを60°以上に開かないと測れないときは、60°以下の開き角度で測れそうな、5Mや10Mなどキリのよい航程にデバイダーを合わせる。このときは中間地点の緯度目盛りで合わせること。そして、チャートにプロットしたコース上を回転させ、最後の余りをデバイダーで測り、緯度目盛りに合わせて合計する。10分の1M以下は、四捨五入する。

コースの中間点の緯度をデバイダーで取るのは、チャートが上下端では縮尺が異なるからだ。例えばチャート「W106」では、最上部から10Mを測って最下部に当てると約10.5Mとなり、5%ほどの誤差が出る。

変針点間の航程を出し終えた後は、出発港から目的港までの全航程を合計して記入する。

⑩所要時間

航程の次は、変針点間の所要時間を計算する。それぞれの航程を航海速力で割り、所要時間を計算する。分以下の単位は四捨五入する。すなわち12Mの航程を5ノットとすると所要時間は2時間24分となるので、2h24mと記入する。

⑪予定時刻（ETA）と実時刻（ATA）

ETAは、変針点に到着する到着予定時刻だ。⑩の所要時間を順番に加えて、変針点と目的港のETAを算出する。時刻の記入には、24時制表記で行う。午前3時20分なら0320と、4文字で記載する。

ATAは実時刻のことなので、航海途中に変針点を通過した実際の時刻を記入する。この作業により、計画との遅延状況を把握することが可能となる。航海計画書は、キャビン内の見やすい場所へ張り出し

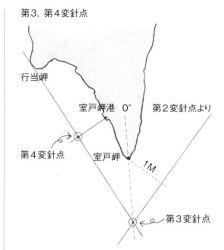

ておき、その都度鉛筆で記入していく。

⑫コンパスコース（CC）

チャート上に記入した変針点間の直線コースを、平行定規を使いコンパスローズに移動して読み取る。コンパスローズは二重円となっているので、偏差を加味した内側の円上を読み取ること。外側の円周には、真方位が表示されている。

平行定規は、開いてコースに合わせたほうが使いやすい。定規の移動をなるべく少なくするために、コースとコンパスローズの位置が離れている場合は、あらかじめ定規を開いてからコースに合わせる。平行定規の端をコースに合わせるのではなく、定規に入っている黒い基線をプロットしたコースに合わせると、ズレが見やすくなり誤差が生じにくい。

測ったコンパスコースは、コースの上側へ3桁で記入しておく。コースの下側には、航程とスピードを記載する。

⑬全航程と全所要時間および目的港のETA

変針点間の航程と時間を合計して、それぞれの箇所へ記入する。全所要時間から目的港へのETAが判明するので、航海計画書の該当欄へ記入する。

⑭避難港

母港周辺のデイセーリングとは異なり、航海中に思わぬ事態に遭遇するかもしれないので、計画に盛り込んでおく必要がある。天候の急変、艇のトラブル、体調不良などが考えられるので、トラブルの種類に対応できる

平行定規をコンパスローズに合わせてコンパスコース（CC）を測る（本文⑫）

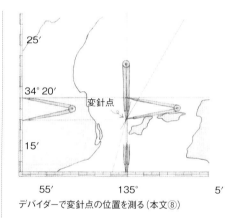

デバイダーで変針点の位置を測る（本文⑧）

避難港を選定する。そして避難港への入港方法は、Sガイド等で十分に調べておく。

なるべくコースに近い避難港を選ぶが、このレグではサントピアマリーナ、和歌山マリーナシティおよび伊島漁港などが適切だ。

いざトラブルが起きてから、どこへ逃げ込もうかと慌てるのは危険だ。余裕がないことが、判断ミスや事故を招きかねない。

航海計画書を検討評価する

これで、第1レグの航海計画書が完成した。半ば航海が終わったような実感も湧いてくるかもしれない。しかし初めのうちは、自分が立てた航海計画書を、ナビゲーションができるヨット乗りに見てもらうことをおすすめする。思わぬ見落としがあるかもしれないからだ。

次は第1レグの評価とともに、引き続き第2レグと第3レグの航海計画を策定して、さらに全レグの総合評価を行う予定である。

ヨットは危険なスポーツ

ヨットの航海には、落水、けが、座礁、衝突など、命に関わる危険が潜んでいる。準備が不十分な航海は、海の危険と隣り合わせの旅となる。それを乗り越えて旅を続ける勇気は、どうしたら出るのだろうか?

航海について、自分にできる最大限の努力をして準備しようと決めることが、勇気の本質といえるだろう。海の上で、危険に遭遇したときに必要となる冷静な判断力と決断する勇気は、ヨットに乗る前の準備で培われてくる。風をとらえてどこまでも走るロマンを味わうために、綿密な航海計画を立てることを習慣としたい。

前項に続いて、屋久島までの第2レグと第3レグの手順を確認しよう。

第2レグの航海計画書を作成

室戸岬港から土佐清水港までの第2レグは、第1レグとは異なり、直線の一本道となる。航海計画書は青木ヨットスクールのフォーマットに従い、チャートW108を使用して、作成を進めていきたい。

室戸岬港には2018年1月21日に入港する計画であるから、1日の休息日を取り、出港予定日は翌日の1月22日とする。

航海計画書では、変針点の設定が一番大切なポイントとなるので、変針点ごとに詳しく解説を行う。変針点には、特徴的な名称を付けて記入する。

■**起点**:出発港は室戸岬港である。起点は防波堤の先端に設置されている港口赤灯台とする。

■**第1変針点**:出港して最初の変針点となるのは、足摺岬灯台を右舷アビーム(正横)、1Mに見る地点とする。ETA(到着予定時刻)は2143(21時43分)。夜なので灯質を調べておく。足摺岬の周辺は、名高い岩礁地帯である。岬を回っても近回りは避けて、変針点から同じコースを維持して、そのまま延長する。この第1変針点を「足摺岬南」とする。

■**第2変針点**:第2変針点は、第1変針点から延長したコースに対して、臼碆埼

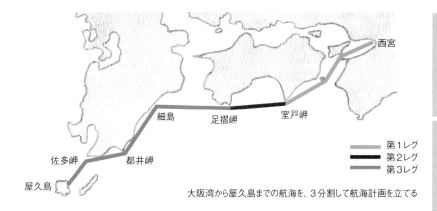

大阪湾から屋久島までの航海を、3分割して航海計画を立てる

灯台が右舷アビームに見える地点とする。アビームに見る地点を変針点として設定するのは、夜間や悪天候時でも変針点の確認が容易だからである。第2変針点には「臼碆埼灯台アビーム」と記入する。

■**第3変針点**:第2変針点からは、叶埼灯台を目標として296°へ変針する。土佐清水港は奥に深く広がる良港であるが、入り口には干出岩や洗岩が広がっているため、第2変針点から直接港口を目指すと危険海域へ接近する。そこでまず叶埼灯台へ向かう迂回コースを取る。次に土佐清水港灯台の分弧が、白色から赤色に変化したことを確認して、直ちに港口の赤灯台へ向けて変針。その後、分弧が白色である範囲内を保つことで、危険地帯を避けることができる。第3変針点は「土佐清水港沖」とする。

■**目的港**:土佐清水港灯台の、港口灯台近くから港内への進入コースは、33°となっている。Sガイドに詳しく記載されているので参照してほしい。

■**避難港**:第2レグの避難港には、高知港、宇佐港、佐賀港を設定する。避難港についても、Sガイドであらかじめ進入コースを調べておく。

第3レグの航海計画書を作成

土佐清水港から屋久島の宮之浦港を第3レグとする。この航海計画では、チャートW1220とW1221を使用する。

第3レグでは、出発港の土佐清水港から、細島灯台を目標とする64Mほどのコー

スなど、2本の長い直線コースがある。直線コースであっても行程が長い場合は、その間に幾つかの変針点を設定する。変針点を設けてETAとATA(実時刻)を比べることによって、計画との遅延を早い段階で把握することができる。

■**起点**:起点は、土佐清水港防波堤の先端に設置されている港口赤灯台とする。

■**第1変針点**:起点からは細島灯台までの直線コースを取る。最初の変針点は、沖の島の櫛ケ鼻灯台を右舷アビームに見る地点を第1変針点に設定する。チャートW1220を見ると、櫛ケ鼻灯台の灯高174m、光達距離32Mとあるので、昼夜共に変針点の目標とすることが可能だ。この第1変針点を「櫛ケ鼻アビーム」とする。

■**第2変針点**:第2変針点は、第1変針点からの直線コースに対して、枇榔島灯台が右舷アビームに見える地点とする。後で行うETAの計算から、第2変針点は夜間に通過することが予測される。したがって、細島灯台と枇榔島灯台の灯質をチャートで調べておく。第2変針点は「枇榔島アビーム」と記入する。

■**第3変針点**:第2変針点からは、都井岬2M沖を目指して日向灘を南下する。都井岬までは直線コースとなるが、前述の理由により、戸崎鼻を右舷アビーム、2Mに見る地点を第3変針点とする。

■**第4変針点**:次に第3変針点をチャートW1221へ写し取る。チャートを見ると、都井岬の南側には黄金瀬とハラジロ瀬が、

1M沖まで張り出している。都井岬へ接近してすぐに次の佐多岬へ変針すると、この岩礁地帯へ座礁しかねない。そこで危険地帯を避けるために、第4変針点は都井岬灯台をアビームに見て、陸岸から2Mとなる地点に設定する。

第4変針点を「都井岬アビーム」とする。

■**第5変針点**：第4変針点からは、佐多岬2M沖を目指して変針する。チャートW1221を見ると、大隅海峡には1.1～3ノットの海流が記載されている。黒潮本流は種子島の南方を流れるが、支流の存在にも注意が必要だ。都井岬から屋久島へ直行するコースを取ると、大隅海峡の中央を通ることになり、黒潮支流に正面から逆らうことになる。大隅半島へ接近したコースを取ることで、黒潮支流を避けることができる。また黒潮の流れに対する反流によって、後ろからの流れを受けることが期待できるかもしれない。佐多岬までの大隅半島沿岸には、陸岸から離れた岩礁地帯はないので、夜間であっても1Mの距離を

保てば危険性は少ない。そこで第5変針点は、佐多岬灯台をアビームに見て、陸岸から2Mとなる地点に設定する。第5変針点を「佐多岬アビーム」とする。

■**目的港**：第5変針点の佐多岬から、屋久島宮之浦港の港口灯台を目指してコースを引く。この最後のコースでは1.5ノットの海流によって、ヨットはコース上から15°のドリフト（横流れ）を起こすと予測し、SC（ステアリングコース）は210°とする。

■**避難港**：第3レグの避難港には、沖の島母島港、細島港、油津港を設定する。

航海計画の評価作業

これで第1レグ～第3レグの航海計画書が完成した。ここまで作業を終えると、まるで航海が終わったような実感が湧いてくるかもしれない。しかし、ここからさらに潮流、天候、海流の視点で、航海計画に対する評価作業を行う必要がある。

①潮流の影響に対する検討と評価

第1レグでは、狭い水道を航海する際の潮流の影響を検討評価する。第1変針点から第2変針点へ向けての、由良の瀬戸入り口から伊島灯台アビームまでの紀伊水道では、潮流の影響が大きいので必ず潮流表を調べる。第1レグのコースに有利な流向は南流となる。南向きの流れを南流という。流向は風向とは逆の呼び方となるので注意が必要だ。

瀬戸内海・九州・南西諸島沿岸潮汐表で、友が島水道のページを見る。2018年1月20日には、以下のように記載されている。ページの上部には＋：北流N、－：南流Sと記号の意味が書かれている。

0240	－3.1
0542	転流
0940	＋3.0
1315	転流
1537	－2.0
1836	転流
2124	＋1.0
2356	転流

航海計画書Sailing plan 2レグ

船名Boat name　EAGLE　　船種type　Y30　　航海速力Cruising speed 4.5ノット
計画者氏名Your name　青木 洋
スキッパー氏名Skipper　青木 洋
出港予定日ETD　2018 / 01 / 22/
入港予定日ETA　2018 / 01 / 23/
出発港Departure　室戸岬港
目的港Destination　土佐清水港
乗組員氏名
Crew members

変針点Way points 名称Names	位置 Positions	航程Log 所要時間Minutes	予定時刻ETA 実時刻ATA	コンパスコース CC
出発港Departure 室戸岬港赤灯台	33°15.7′N 134°09.6′E	＊＊＊	予 0700 実	＊＊＊
第1変針点Point 1 足摺岬南	32°42.6′N 133°01.8′E	66.2 M 14h 43m	予 2143 実	246°
第2変針点 臼碆埼灯台アビーム	32°41.6′N 132°57.6′E	2.1 M 0h 28m	予 2211 実	246°
第3変針点 土佐清水港沖	32°42.8′N 132°55.3′E	3.8 M 0h 51m	予 実 2302	296°
第4変針点	°　′N °　′E	M h m	予 実	°
第5変針点	°　′N °　′E	M h m	予 実	°
第6変針点	°　′N °　′E	M h m	予 実	°
第7変針点	°　′N °　′E	M h m	予 実	°
第8変針点	°　′N °　′E	M h m	予 実	°
第9変針点	°　′N °　′E	M h m	予 実	°
第10変針点	°　′N °　′E	M h m	予 実	°
目的港Destination 土佐清水港口	32°45.9′N 132°57.1′E	3.3 M 0h 44m	ETA 2346 ATA	033°
	全航程Total logs	75.4 M		
	予所要時間ETH	16 h 45 m		
	実所要時間ATH	h m		

記入許容誤差：位置±0.2′、航程±0.2M、時間時刻±05m、コース±004°
Allowance in positions ±0.2′, logs ±0.2M, minutes ±05, courses±004°

避難港 Emergency harbors

1. 高知港　　2. 宇佐港　　3. 佐賀港
©Aoki Yacht Corporation　www.aokiyacht.com　耐水紙使用

第2レグ（室戸岬港〜土佐清水港）の航海計画書

航海計画書Sailing plan 3レグ

船名Boat name　EAGLE　　船種type　Y30　　航海速力Cruising speed 4.5ノット
計画者氏名Your name　青木 洋
スキッパー氏名Skipper　青木 洋
出港予定日ETD　2018 / 1 / 24/
入港予定日ETA　2018 / 1 / 26/
出発港Departure　土佐清水港
目的港Destination　屋久島宮之浦港
乗組員氏名
Crew members

変針点Way points 名称Names	位置 Positions	航程Log 所要時間Minutes	予定時刻ETA 実時刻ATA	コンパスコース CC
出発港Departure 土佐清水港口灯台	32°45.9′N 132°57.1′E	＊＊＊	予 0800 実	＊＊＊
第1変針点Point 1 樹崎アビーム	32°39.5′N 132°33.6′E	20.8 M 4h 37m	予 1237 実	258°
第2変針点 枇榔島アビーム	32°16.2′N 131°44.5′E	43.3 M 9h 37m	予 2214 実	258°
第3変針点 戸崎鼻アビーム	31°46.5′N 131°31.5′E	41.1 M 9h 24m	予 実 0738	202°
第4変針点 都井岬アビーム	31°21.4′N 131°22.9′E	26.3 M 5h 51m	予 1329 実	202°
第5変針点 佐多岬アビーム	30°58.0′N 130°40.8′E	43.4 M 9h 39m	予 実 2308	243°
第6変針点	°　′N °　′E	M h m	予 実	°
第7変針点	°　′N °　′E	M h m	予 実	°
第8変針点	°　′N °　′E	M h m	予 実	°
第9変針点	°　′N °　′E	M h m	予 実	°
第10変針点	°　′N °　′E	M h m	予 実	°
目的港Destination 宮之浦港口	30°26.1′N 130°34.8′E	32.3 M 7h 11m	ETA 0619 ATA	195°
	全航程Total logs	209.2 M		
	予所要時間ETH	46 h 02 m		
	実所要時間ATH	h m		

記入許容誤差：位置±0.2′、航程±0.2M、時間時刻±05m、コース±004°
Allowance for positions ±0.2′, logs ±0.2M, minutes ±05, courses±004°

選定避難港 Emergency harbors

1. 沖の島母島港　　2. 細島港　　3. 油津港
©Aoki Yacht Corporation　www.aokiyacht.com　耐水紙使用

第3レグ（土佐清水港〜宮之浦港）の航海計画書

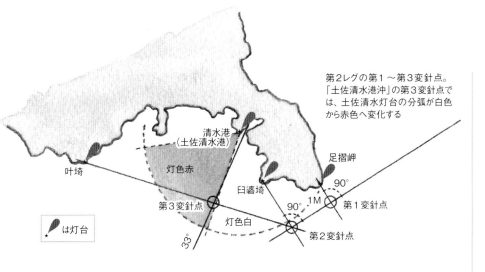

第2レグの第1～第3変針点。「土佐清水港沖」の第3変針点では、土佐清水灯台の分弧が白色から赤色へ変化する

潮流表からは、1315から南流が始まり、最大流速が2ノット、南流が終わるのが1836であることが判明する。由良瀬戸入り口へのETAは1309であるので、ちょうど南流への転流が始まろうとする時刻だ。潮流の交替時間は約6時間であるから、その間は0.5から1.7ノットとなる有利な南流の影響を受けることができると判断してよい。

従って、出港時刻は0700の設定で問題ないことがわかる。潮流の流向が不利な時間帯となった場合は、第1変針点のETAが南流転流時となるように、出港時刻を変更することが必要だ。

第2変針点からは外洋となるので、潮流の影響は小さいと考えられる。また第2レグと第3レグについても、外洋コースとなるので、潮流の影響は小さいと考えてよい。

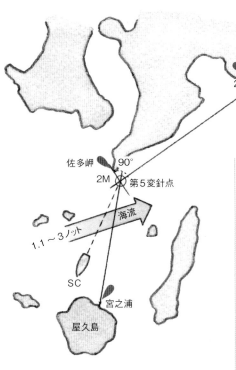

第3レグの第5変針点以降は、海流の影響を受けて15°のドリフト（横流れ）を起こすと予測し、SC（ステアリングコース）を修正する

②天候の変化に対する検討と評価

1月の厳冬期に予想される天候は、三寒四温のパターンと考えてよい。日本列島を西から東へ通過する低気圧によって西高東低の冬型気圧配置が緩み、低気圧の通過後は強まるという繰り返しが多くなる。この典型的なパターンを、第1レグのコースに当てはめて検討評価する。

西高東低の気圧配置の間は、北西風が強くなる。しかし第1レグでは、コースに対する風位がブロードリーチからビームリーチとなるので、ストームジブとリーフしたメインセールで、セーリングが可能だ。陸岸方向が風上となることが多いので、リーショアの危険に陥る確率も低い。

注意を払わないといけないのは、低気圧が通過した後に続く西または北西の強風である。この季節風は大西風と呼ばれ、船乗りには恐れられている。ときには風力7から8ともなることがある。第1レグの第3変針点付近でこの強風に遭遇すれば、室戸岬を越えることは困難となる。その場合は、東側の佐喜浜港へ入港して天候待ちを行えばよい。

第2レグで西または北西の強風が予想される場合は、室戸岬港で風待ちを行う。この場合の風待ちとは、天気図を調べて西高東低の気圧配置が緩むタイミングを計ることをいう。地元の漁師と会話して、情報を得るのもよい方法だ。低気圧が日本の西方に現れると、吹き続いた西または北西の強風は北へ回り始める。そのときがチャンスだ。時を逃さず室戸岬港を出港し、一気に土佐湾を横断して土佐清水港を目指す。チャンスが到来したときは、たと

え夜間であってもちゅうちょなく出港できるように、準備を整えておきたい。

土佐清水港からの第3レグでも、予想される天候変化のパターンは同様。西高東低の気圧配置が緩むときを見計らって、土佐清水港を出港すればセーリングしやすい。しかし低気圧が日本海を通過して急激に発達すると、風力8の西または北西からの強風となる恐れがある。細島沖へ到達する前にこの気圧配置になれば、強風のクロースホールドを覚悟しなければならない。

従って土佐清水港で天候判断を行い、日本海低気圧パターンと判断したときは、低気圧が黄海または東シナ海を出ないうちに出港する。低気圧から延びる温暖前線の通過前は東寄りの風となる。この風を利用すれば豊後水道を西へ進み、細島港へ向かうことができる。いったん細島沖へたどり着けば、宮崎沿岸に沿って南下するコースとなる。すると寒冷前線通過後に、西からの強風に見舞われた場合でも陸岸からのオフショアの風となり、波もさえぎられるのでセーリングで続航が可能だ。

第4変針点の都井岬から大隅海峡を渡り、屋久島へ入港するまでの間で西風が予想される場合は、油津港で風待ちをすればよい。

③黒潮に対する検討と評価

屋久島までの航海では、第3レグの航海計画で述べた黒潮の支流以外にも、黒潮の影響を検討しなければならない。黒潮が室戸岬と足摺岬、および都井岬へどれほど接近しているのか、そして黒潮の本流と支流、反流の流向と流速について把握する必要がある。これらの情報は、管区海洋速報に詳しく掲載されている。最新の管区海洋速報は、第五および第十管区海上保安本部海洋情報部のホームページからダウンロードができる。

計画時の海洋速報では、立案した航海計画には大きな影響はないことが読み取れる。都井岬約20M沖には1.7ノットの北流が観測されているので、もし天候が許す場合でも、土佐清水港から都井岬へ直行する直線コースは、不利なことが判断できるだろう。

次は、航海計画と天候変化への対応について、事故例の分析を行う。

実際の事故事例から学ぶ

これまで、大阪湾から屋久島までの航海を例として航海計画を立て、計画したコースに潜む海図上の危険性、海潮流の利用方法、そして天候の変化と対処について、その評価手法を解説してきた。チャート（海図）と航海計画書を使用して航海計画を立案する方法は、一度実践すれば意外と簡単である。航海計画が出来上がるころには、不安はずいぶん解消しているのではないだろうか。

初めての長距離航海であっても、手順に従って航海計画を立てることで、警戒すべき危険の大半を事前に察知することができる。ヨットの航海には、落水、けが、座礁、衝突など、命に関わる危険が伴うので、航海計画の重要性は、いくら強調してもし過ぎることはない。不安はいつまでも残るが、準備が進むにつれて決断の勇気も湧いてくるだろう。ヨットに求められる勇気は、航海に万全な準備を行う情熱、海上での明晰な判断力、そしてその判断を実行に移す決断力を合わせたものであると考えられる。つまり、勇気は計画と準備とによって湧いてくると言ってよい。

自然の力は人智を超えている。しかし、航海計画に基づく判断力と決断力によって、トラブルに対処する幅を広げることができる。もし深刻な事故に至ったとしても、生還する確率を上げることができるだろう。

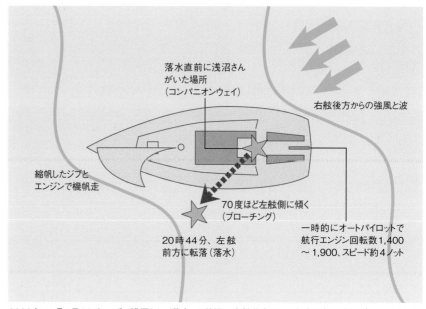

落水直前に浅沼さんがいた場所（コンパニオンウェイ）

右舷後方からの強風と波

縮帆したジブとエンジンで機帆走

70度ほど左舷側に傾く（ブローチング）

20時44分、左舷前方に転落（落水）

一時的にオートパイロットで航行エンジン回転数1,400〜1,900、スピード約4ノット

2009年11月1日20時44分、浅沼さんが落水した状況。右舷後方からの大波を受けて船はブローチング。コンパニオンウェイ近くにいた浅沼さんは、左舷前方に投げ出された

今月号では、計画と準備を入念に行ったにもかかわらず、運悪く落水という事態に至った事例を取り上げる。

長距離航海中の落水事故

2009年11月1日2044（20時44分）、浅沼修平さんは沖縄へ向けて航海中にヨット〈ミーモ〉号（バンドフェット30）から落水した。落水地点は、室戸岬東方約27.5Mの黒潮が流れる外洋である。絶体絶命のピンチの中で、浅沼さんは12時間後に救助され、奇跡的に生還した。この落水事故については、本誌2010年2月号で詳しく報道されたので、記憶にある読者も多いことだろう。

「助けてもらった海上保安庁や、心配をかけた知人のため、そしてヨットをやっている多くの人のために、自分の経験したことを役立ててもらいたい」。記事掲載にあたり、浅沼さんから本誌に寄せられた言葉である。

ヨットで事故を起こしたときには、状況を詳しく語りたくない心境になるであろう。しかし浅沼さんは違った。事故直後の取材に応じ、自身のブログでも事故の詳細な報告を行っている。詳しい経緯が分かってはじめて、原因を究明することができる。

浅沼さんの、セーラーとしての真摯な姿勢に最大の敬意を表し、この事故について、今回は当時の本誌の報道とは、また異なる視点を提供するものである。航海計画とナビゲーション技術の観点から、改めて考察を試みたい。

落水に至る経緯

〈ミーモ〉号は東京から沖縄へ向かう航海の途中であった。10月31日、0600に和歌山県・串本港を出港した。串本港は、航海の難所である潮岬の東側根元に位置する良港である。江戸時代から風待ち港として知られている。このレグの目的港

浅沼さんと家族が乗艇していた〈ミーモ〉号（バンドフェット30、2009年撮影）

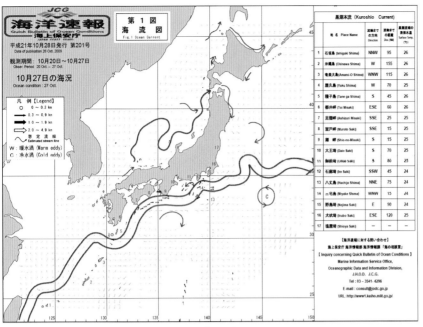

当時の黒潮の場所や流速が示された、海上保安庁の『海洋速報』

黒潮本流 (Kuroshio Current)			
地名 Place Name	流軸までの方向 Direction	流軸までの距離 Dis. (NM)	黒潮流域の表層水温 Surface Sea Temp. (℃)
1 石垣島 (Ishigaki Shima)	NNW	95	26
2 沖縄島 (Okinawa Shima)	W	155	26
3 奄美大島 (Amami-O Shima)	WNW	115	26
4 屋久島 (Yaku Shima)	W	70	25
5 種子島 (Tane ga Shima)	S	45	26
6 都井岬 (Toi Misaki)	ESE	60	26
7 足摺岬 (Ashizuri Misaki)	SSE	25	25
8 室戸岬 (Muroto Saki)	SSE	15	25
9 潮岬 (Shio-no-Misaki)	S	15	25
10 大王埼 (Daio Saki)	S	70	25
11 御前埼 (Omae Saki)	S	80	25
12 石廊埼 (Iro Saki)	SSW	45	24
13 八丈島 (Hachijo Shima)	NNE	75	24
14 三宅島 (Miyake Shima)	WNW	15	24
15 野島埼 (Nojima Saki)	E	90	24
16 犬吠埼 (Inubo Saki)	ESE	120	25
17 塩屋埼 (Shioya Saki)	–	–	–

【海洋速報に対する問い合わせ】
海上保安庁 海洋情報部 海洋情報課「潮の相談室」
【 Inquiry concerning Quick Bulletin of Ocean Conditions 】
Marine Information Service Office,
Oceanographic Data and Information Division,
J.H.O.D. J.C.G.
Tel : 03 - 3541-4296
E-mail : consult@jodc.go.jp
URL : http://www1.kaiho.mlit.go.jp

落水事故が発生した当時の海流の状況

『海洋速報』の流流図によると、落水事故当日は、黒潮本流が室戸岬、潮岬に接近傾向だった

黒潮本流 2.0 ～ 4.9 ノット

は、室戸と記載されているので室戸岬港と推測される。もしくは室戸岬は通過点と考えて、別の目的港を考えていた可能性もある。以下の経緯は、浅沼さんのブログ「みーも航海日記」、および本誌の取材記事からの抜粋である。

①0540、串本出港前に最近のAWJP 31日0900JSTと、予報図FWPN1日 0900JSTと、その他72時間までのFWPN、それまでのASAS数枚をダウンロード、気象衛星の写真に濃い雲の発生がないことを確認しました。また室戸の予報は、北東 5～6m/sの風、天気は曇り、雨、曇りと

いう予報もでていました。

②0600、串本港出港、港内は南西、微風、予定は黒潮を避け、その影響が1ノット以下になる点まで北上（実際は北西に進路をとり実効速度2.5～3ノットで室戸まで30時間）。しかし港外での南西の風が強く、直線でも4ノットオーバーのクローズホールドのコースが取れました（これは対水6ノットに値します）。

③同日の16時まで天気、風速、平均 10m/s、曇り、視程4～8マイル、レーダーの8マイルレンジで他の船影は2～5、AISは1～4隻の8マイル圏内の大型船

をとらえていました。

④1600、風はシフトして弱くなり、エンジン回転2,000、燃料FULL、10時間走って約12Lを消費し再度FULLに燃料移送しました。残航40マイル、黒潮2ノットに機走のみで対応できる量です。この状態で風が安定せず機走のみとなります。2～3ノット（黒潮は2～3ノット）でジブはシバーするので全部たたみ1時間ほど走りました。

⑤風が北東に変わり1時間ほどアビームで6ノット（黒潮を考慮すると8ノット）。50％までファーリングし6時ごろ、2PONのメインを下ろしました。それでも5ノット出ているのでさらにジブを2～3㎡に落とし30分、完全な強い北東の風15m/s、最大20m/s、速度は4.2ノット、エンジンを中立で3.5ノット、コースは260～280、波高はすでに3m、周期は10秒以下、切り立った波は30度にも達していました。しかし追い波で角度を持っているのでブローチングすることはありませんでした。

⑥20時すぎ、斜め後ろからの風を受け、サイズを縮小したファーリングジブとエンジンで機帆走（メインセールはなし）していたが、黒潮の流れはほぼ真正面からで、フネに搭載されていたGPSプロッターによると、対水スピードは約8ノットで、対地スピードは約5ノット、およそ3ノットの向かい潮を受けていた。この、風向とは逆の黒潮の流れが、大きな三角波を立てていた。

⑦息子と妻はキャビン内、このとき室戸まで30マイルをわずかに切って、私は濡れた衣服を着替えにキャビンにもどり、コクピットにあった舫いロープをセーフティーラインにするつもりでした。いったんコクピットに出て体を結ぼうとした時、眼鏡を船内の電子レンジの上に忘れてきたことに気がつき、スライドハッチを少し開け、手を伸ばしましたが1回目は届かず、2回目はさらに深く上から体を伸ばし入れて、眼鏡を取ったことを記憶しています。

⑧2044、落水事故発生。スライドハッチを指の幅まで閉め、まだバルクヘッドの上部につかまっていたとき、チラッと後ろに白いものが見えました。オーバーなことは言いたくないのですが4m以上あったと思い

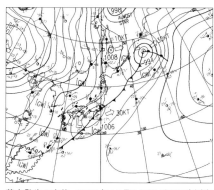

落水発生の直後、2009年11月1日21時の日本近海の天気図

落水事故の詳細と原因を検証した、舵誌2010年2月号の記事。事故発生から間もない時期に掲載され、大きな反響を呼んだ

ます。波の下に落ちるようにブローチングするとともに右舷後方かなり高い位置から来た波は私を水中に閉じ込め、バルクヘッドとスタンションの上部ワイヤにつかまったものの、体重105kgの私はソフトに海中に流され次に艇が戻る瞬間、指が外れてしまいました。

⑨11月2日、0830頃、海上保安庁のヘリコプターによって救助。

落水の原因を再検証

　当時の本誌の記事では、落水の原因として次の4点が挙げられている。
・予定より6日遅れていたため、1日に20時間以上走る、強行スケジュールの航海計画であった。
・夜間航海が予定されていたのにもかかわらず、命綱を装備していなかった。
・出航する当日の朝には、海が荒れる情報があったにもかかわらず、気象条件を楽観的に判断した。

事故が発生した海域と〈ミーモ〉号の航跡

〈ミーモ〉号が実際に走ったコース（青色）と黒潮を大きく避けた最も北回りのコース（黄色）、そして筆者が推奨するコース（赤色）

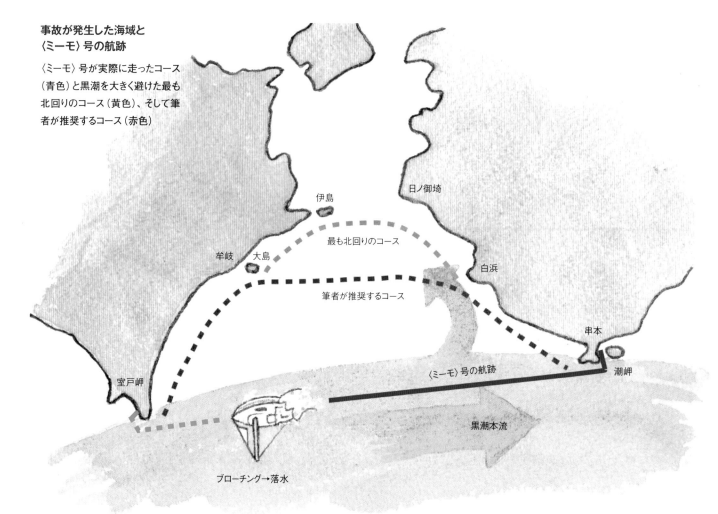

伊島

日ノ御埼

牟岐　大島

最も北回りのコース

白浜

筆者が推奨するコース

串本

潮岬

室戸岬

〈ミーモ〉号の航跡

黒潮本流

ブローチング→落水

2009年11月2日の朝8時半すぎ、浅沼さんは、第五管区海上保安部のヘリコプターに救助された

・ヨットは、風が強いほど速く走れるという、強気な性格が災いした。

原因として挙げられているこの4点について、さらに詳しく検討してみたい。

強行スケジュールによる 航海計画だったのか

串本港から室戸までのレグでは、航海計画について本誌の記事および浅沼さんのブログには次のように記載されている。

（A）「予定は黒潮を避け、その影響が1ノット以下になる点まで北上（実際は北西に進路をとり実効速度2.5～3ノットで室戸まで30時間）」

（B）「串本から室戸へ向かうのに、岸沿いに北上して紀伊水道を横断すると、セールボートだと3日はかかる。直接針路を向ければ一昼夜で到着する」

すると直線コースとなるこのレグの航程

は、室戸岬南1Mまでなら84.9Mである。一昼夜を24時間とするならば、航海速力を3.5ノットと見積もったこととなる。30フィート艇の計画としては4.5ノットとするのが適切であるが、控えめであるのは黒潮に逆らってコースを取ることを考慮して、あらかじめ1ノットを減じていることが、上記（A）からも理解できる。

また（B）では、北上して紀伊水道を横断すると3日はかかると述べている。しかし日ノ御埼から、伊島を回る最も北回りのレグを取った場合でも、航程は109.8Mである。4.5ノットの航海速力を当てはめれば、所要時間は24時間24分となるので、3日間は過大な見積もりと言えよう。直線コースの84.9Mを24時間で航海するのと比べ、北回りのレグとでは、24分の差しかないことになる。

この思い違いは、どこからきたのだろうか。予定より6日遅れていたことにより、複数コースを比較する余裕と冷静さが失われていた可能性がある。そのために直線コースの方が早いと、思い込んでしまったのかもしれない。

直線コースと北回りコースへの 海流の影響

（A）では、航海速力の設定に海流の影響が加味されている。海流の影響を調べるには、海上保安庁のウエブサイトから『海洋速報』をダウンロードすればよい。

航海計画の判断ミスと命綱の取り扱いが、この落水事故につながった

黒潮海域を航海する場合は、必要な作業である。2009年10月28日に発行された『海洋速報第201号』を見てみよう。そこには、室戸までのレグにおける重要な要素が記載されている。

①黒潮本流が、室戸岬と潮岬へ接近傾向となっている。流軸までの距離が共に15Mとあるので、岬の沿岸を洗っている状態と考えられる。
②流軸付近では、流速が2～4.9ノットとなっている。
③室戸岬と潮岬を結ぶ直線コースよりも、さらに北側までが流域となっている。
④潮岬から反転して、北西に、ついで西に向かう0.3から0.9ノットの黒潮反流が記載されている。

①～③までの要素を考慮すると、たとえ好天が予想されたとしても、黒潮に逆らって直線コースを計画することには、ヨットの航海としては百害あって一利なしといえる。浅沼さんもそれを承知していたので、「黒潮の影響を避け、1ノット以下になるまで北上」という考えを、当初は持っていたのかもしれない。しかし残念ながら、『海洋速報』の情報通りの、2～3ノットの黒潮に逆らって、機帆走の航海を続けてしまった。

海流に逆らって航海するデメリットは、スピードを減じるだけではない。流向と風向が交差するときは三角波が立つ。この海域では、ヨット乗り仲間である南波 誠さんの悲しい落水事故（1997年）だけではなく、大型船さえ難航することはよく知られている。犬吠埼、潮岬、室戸岬、足摺岬など、黒潮が接近する岬の沖は、すべて難所といわれる。一発大波と呼ばれる三角波によって、船首を折られた鉱石運搬船もあるくらいだ。

浅沼さんがあえて直航コースを選択したのは、急いでいたという事情に加えて、機帆走なら黒潮を乗り越えられるという思いが強かったからと推察される。そこには、当時の本誌記事で示された強気な性格も反映したのかもしれない。

次は、航海計画と天候変化への対応についての分析と、北回りコースを取った場合の条件の違いを比較検討する。

航海計画に無理はなかったのか?

引き続き、ヨット〈ミーモ〉号の落水事故を取り上げる。

30ftの〈ミーモ〉号から浅沼修平さんが落水したのは2009年11月1日2044（20時44分）、室戸岬東方約27.5マイルの黒潮が流れる外洋である。絶体絶命のピンチの中で、浅沼さんは12時間後に救助され、奇跡的に生還した。

ヨットで事故を起こしたときに、状況を詳しく公表するのは容易なことではない。語るつらさは計り知れない。しかし浅沼さんは事故直後の本誌の取材に応じ、自身のブログでも事故の詳細な報告を行っている。その報告のおかげで、ヨットの安全を考える具体的な資料を得ることができる。浅沼さんの真摯な姿勢に、あらためて敬意を表したい。

前項では、潮岬から室戸岬へ至る直線コースを選択したことが、事故の危険性を増大させたと考えられると指摘した。黒潮本流に逆らって、三角波の立つ海域を強引に航海してしまったのだ。

また、直線コースを選択した背景に、次の2点があることを述べた。

①『海洋速報』から得られる情報を航海計画に十分生かすことができず、
②6日間の遅れを取り戻そうと急いでいたため、直線コースの方が航海時間が短いと思い込んでしまった。

そのほかに考えられる原因がないか、さらに考察を進めていきたい。

エンジンに頼るクルージング

クルージングを楽しむヨット乗りから、よく聞く声がある。

「レースをしβエンジンを使って機走することが当然ではないか」

「クルージングヨットのエンジンは、大きいほどよい」

以下は、浅沼さんのブログからの抜粋である。エンジンを多用していた様子が見られる。

「（11月1日）0600、串本港出港、港内は南西、微風、予定は黒潮を避け、その影響が1ノット以下になる点まで北上（実際は北西に進路をとり実効速度2.5〜3ノットで室戸まで30時間）。しかし港外での南西が強く、直線でも4ノットオーバーのクローズホールドのコースが取れました。これは対水6ノットに値します」

「1600、風はシフトし弱くなり、エンジン回転2,000、燃料FULL、10時間走って約12Lを消耗し再度FULLに燃料移送しました。残航40マイル、黒潮2ノットに機走のみで対応できる量です。この状態で風が安定せず機走のみとなります。2〜3ノット（黒潮は2〜3ノット）でジブはシバーするので全部たたみ1時間ほど走りました」

「20時過ぎ、斜め後ろからの風を受け、サイズを縮小したファーリングジブとエンジンで機帆走（メインセールはなし）していたが、黒潮の流れはほぼ真正面から、フネに搭載されていたGPSプロッターによると、対水スピードは約8ノットで、対地スピードは約5ノット、およそ3ノットの向かい潮を受けていた」

これらの記述からは、風向、風力のいかんにかかわらず、航程の大部分でエンジンをかけていたことが分かる。風よりもエンジンのパワーを重視していたようである。

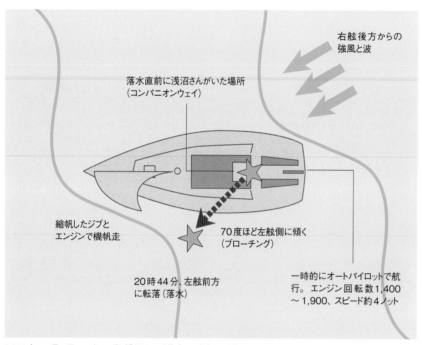

2009年11月1日20時44分、浅沼さんが落水した状況。右舷後方からの大波を受けてフネはブローチング。コンパニオンウェイ近くにいた浅沼さんは、左舷前方に投げ出された

落水事故が発生した当時の海流の状況
『海洋速報』の海流図によると、落水事故当日は、黒潮本流が室戸岬、潮岬に接近傾向だった

黒潮本流 2.0〜4.9ノット

浅沼さんは出港前に、天候の推移を予測できるデータをダウンロードしていた。風の変化を把握できたのにもかかわらず、セーリングには不利な直線コースを選んだ。何が浅沼さんにそのような決定をさせたのか、その経緯と当日の天候の推移を確認していきたい。

天候の推移に伴う風の変化と航海計画

「0540、串本出港前に最近のAWJP 31日0900JSTと、予報図FWPN1日0900JST、そのほか72時間までのFWPN、それまでのASAS数枚をダウンロード、気象衛星の写真に濃い雲の発生がない事を確認しました」

浅沼さんは気象予報に詳しいことが、多様な気象情報をダウンロードしている準備から読み取れる。

①最近のAWJP……AWJPは「沿岸波浪実況図」のことだ。AWJPには実況の等波高線、卓越波向、卓越周期、海上風、海氷域、沿岸代表点の波浪と海上風が記載されている。

②11月1日0900JSTのFWPN……「外洋波浪24時間予想図」のことである。FWPNには24時間先の等波高線、卓越波向、高気圧と低気圧の位置と中心気圧、前線、海氷域、予想波浪値が記載されている。

③それまでのASAS数枚……「アジア地上天気図」のことで、最初のASはAsia（アジア）、次のASはAnalysis Surfaceの略で地上解析を意味する。

これらは気象庁のホームページから閲覧、ダウンロードができる。しかしこの中で多くの読者になじみがあるのは、③の地上天気図であろう。日本周辺域実況天気図は3時間ごとに公表され、また48時間後の予想天気図が、テレビやインターネットで発表されている。

今回はこの2009年の実況天気図に基づいて、どのような予測が可能であったのかを検討する。そして予測を、どのように航海計画へ生かすことができたのかを考えてみたい。落水事故発生の前日からの3枚の天気図を113ページに示す。

落水事故発生の前日からの天気図

10月31日0900JST（JST=UTC+9h）

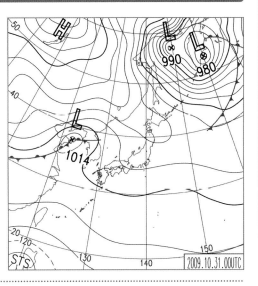

実況天気図から理解できることは、アリューシャン付近に低気圧があり、バイカル湖付近に高気圧がある。これは全体としては西高東低の冬型気圧配置パターンといえるだろう。

さらに別の低気圧が前線を伴って黄海にあり、日本海方面へ北東に移動中である。低気圧の移動に伴って、現在は北東風であるが日本海低気圧型へ移行するとともに、風向は南西へ変化すると予想される。

10月31日2100JST

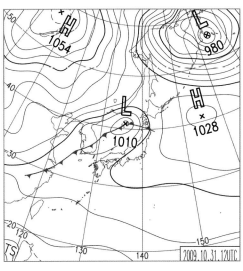

アリューシャン付近の高気圧は南下している。黄海にあった低気圧は前面に温暖前線と後面に寒冷前線を伴い、日本海北部へ移動している。移動速度は12時間で緯度10度分であるから、約50ノットとなる。

後面の寒冷前線は、南西へ大きく延びている。寒冷前線が室戸岬付近へ到達するのは、約15時間後の11月1日1200頃だと推測ができる。寒冷前線が通過するまでは南西の風が予測される。

11月1日0900JST

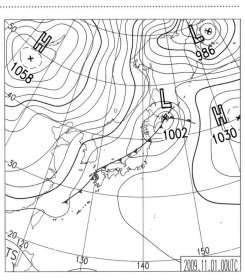

日本海にあった低気圧は北海道の東へ通過した。低気圧の後面に伴っている寒冷前線は、北九州に差し掛かり、約5時間後には室戸岬へ到達すると推測される。また北九州付近の寒冷前線が折れ曲がった付近では、別の低気圧が生まれるだろう。

寒冷前線の通過前は南西風であるが、通過直後から北西へ大きく変化して強まるだろう。なぜなら気圧配置パターンは西高東低の冬型となっているので、寒冷前線通過後は西方の高気圧からの吹き出しが強まるからだ。

この実況天気図については、陸域から離れた浅沼さんが入手できたか否かは不明である。

当時の天気図を基に航海計画を考えてみる

これら3枚の天気図から検討する限りでは、11月1日0600の出港直後に、潮岬から室戸岬までの直線コースを選択したことに、妥当な理由は見つからない。

では筆者ならば、どのような航海計画を立てるのか。ここではASASよりも簡略な3枚の日本周辺域実況天気図を基に考えてみたい。

① 10月31日0900の天気図からは、低気圧が東進して日本海低気圧型となることが予想される。前面に伴う温暖前線が

通過するまでは東寄りの風であるが、通過後は南西風へ変化すると予想する。そこで潮岬からは、まず紀伊半島沿岸に沿って北西へコースを取る。南西風を受けて、アビームまたはリーチングでセーリングを続けるのだ。セーリングで快適な航海が続くと考えられる。

② 10月31日2100の天気図では、低気圧は既に日本海へ移動した。低気圧から延びる温暖前線と寒冷前線に挟まれた地帯では、南西風が続く。この風が続く間に牟岐大島、または伊島を目指して一気に四国まで接近するのだ。寒冷前線が通過すると、風向は北西へ急変する。風力

も強まる。その変化を利用するためには、①の南西風が変化の兆しを見せたときに、タッキングして室戸岬に向けて変針する。コースは南西となるので、再びアビームのセーリングを続けることができるだろう。北西風が強まっても、風向はオフショア（陸風）なので、波は高くならない。もし寒冷前線の通過後に、北西風が吹き募り、室戸岬を越えられないと判断したときは、室戸岬の約10マイル手前にある佐喜浜港へ避難して風待ちを行う。

風の変化予測から導き出される航海計画は、すでに①と②から明らかなように北回りコースとなる。直線コースは、機帆走を

北回りコースの検証

〈ミーモ〉号が選択した潮岬から室戸岬へ向かう直線コース（青い点線）と、風向変化を考慮した北回りコース（オレンジ色の点線）との比較

日時（11/1）		0300	0600	0900	1200	1500	1800	2100	2400
観測地	潮岬	NNE 2.8m/s	W 2.1m/s	SW 3.8m/s	SW 3.6m/s	SW 3.1m/s	NNE 3.8m/s	SW 1.5m/s	WNW 1.5m/s
	室戸岬	WSW 7.8m/s	WNW 4.4m/s	WNW 2.0m/s	S 5.6m/s	WSW 1.8m/s	N 5.6m/s	WNW 8.6m/s	NW 7.2m/s

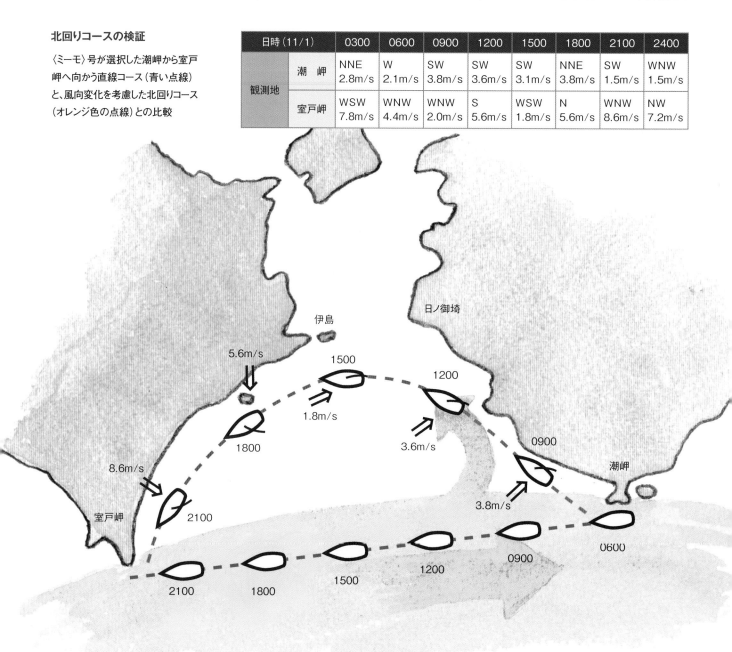

風が強く、向かい波の大きいような状況では、エンジンに頼って機走するよりも、セールを揚げて帆走するほうがフネは安定し、快適に走れる。セールの持つ大きな力を活用するためには、セーリング技術を身に付ける必要がある

前提とした、ごり押しのコースとなる。風にも波にも逆らい、不快なピッチングで、乗員はくたくたになるだろう。

北回りコースは、直線コースに比べて航程は長くなるが、穏やかで走りやすいコースを選択できる。それは乗組員の疲労を軽減し、体力を温存する選択でもある。また北回りコースは、黒潮反流を利用することができる。その結果、航海時間をかえって直線コースよりも短縮できる可能性が高い。

したがって北回りコースはより快適で、より安全性が高いコースと予測できる。

事前に風の変化などを予測しても、意味がないのではないかと考える読者もいるかもしれない。確かに風の予測は、ときとして裏切られることもある。

では実際はどうであったのか、気象庁の過去の気象情報から、エンジンを頼りにした直線コースと、風を頼りにした北回りコースの得失について、時間を追って検証してみよう。

風を活用する

クルージング

風向と風力の変化を予測することは、風を動力とするヨットの航海にとっては、最も重要なことだ。ヨットのセールは、エンジンの5倍のパワーを生み出すことが可能である。風力4（風速5.5m/s〜）以上ならば、機走を上回るスピードが期待できる。

風向と風力の変化を予測することは、なかなか難しいことである。しかし気象庁の予報精度は「ひまわり2号」の能力もあり、飛躍的に向上したといわれている。気象情報を基に風の変化を予測し、それを航海計画に取り入れる技術は、勉強すれば誰もが身に付けることができる。

セールを揚げて機帆走すれば、ローリングが少なくなり機走よりは快適性が増すものの、それで満足していてはもったいない。セールを揚げて、セールに受ける風で揚力を得る。そしてエンジンに負けないほどのスピードで快走する。ヨットの醍醐味は、やはりセーリングではないだろうか。

醍醐味を味わうためには、セーリング技

術の上達が欠かせない。機走クルージングに満足せずに、風の力を最大限に活用してクルージングを味わってほしい。

筆者も、クルージングではエンジンを使う場合がある。しかし使うのは風が強くなった時ではなく、セーリングができないほど風の乏しいときである。風が強くなればなるほど、セーリングでヨットをコントロールする技術が必要となる。セーリングでないと嵐は乗り切れない。風が強くなれば、エンジンで港へ向かえばよいという考えが浮かぶかもしれない。しかし避難の途中に座礁事故を起こした例も多い。エンジンのパワーでは、陸岸付近の巻き波にのまれてしまえば操縦不能となる。

風を動力とするヨットにとっては、セールこそが航海のメインエンジンであることを忘れないでほしい。セーリング技術の向上ほど奥深く、また興味の尽きないものはない。

「技詳しからざれば、肝大ならず」

宮本武蔵の言葉である。

長距離航海の計画

　温めてきた長距離航海のセーリングプランを、具体的に練り上げていこう。どんなヨットで、いつ、どこから、どこを目指すのか。あなたの夢が日本の海域内で、沖縄や小笠原諸島、日本一周ならば、航海計画の立て方や気圧配置の利用法については、第6章を参照していただきたい。一方、海外へのセーリングを考える場合は、上記に加えて該当する海域の風系を勉強し、検討する必要がある。

　燃料を入れたポリタンクをデッキ上にまで並べて、海外への長距離航海にもエンジンを多用した例を聞いたことがある。短い休暇でも長距離航海に出ようとする情熱には敬意を表するが、重心を高くし安全

性と耐航性を損なう搭載方法には賛成できない。たとえ距離が短くても、自然の営みと折り合いをつけていくヨット本来の技術を追求する航海のほうが、楽しさの質が深いものになると思うがいかがだろうか。

　小型ヨットで、安全で快適な長距離航海をするためには、①ビームリーチよりも後方の風位でセーリングできる時間が長くなる風域を知る、②その風域の、嵐と凪の出現頻度がなるべく少ない航海時期を知る、③それらを最も効率よく利用できるセーリングルートと航行のタイミングを計画する、④この計画から逆算して適切な出航時期を選定する、という4段階で航海計画を策定する。

　気象、海象予測に基づいた最適航路を

アドバイスし、航海の安全と経済運航をサポートする、ウェザールーティングといわれるサービスがある。大型船だけではなく、ヨットの国際レースでは、そのようなプロの支援を受けている。もちろん個人で利用することもできる。しかしその仕組みを知らずに、提供される情報を受け身で消費するだけになると、大変に危険である。陸上の生活でも、知らない土地でカーナビが誤作動したときに道路地図を読めないとお手上げになる。クルージングでは陸上よりも電子機器が故障する頻度が高いし、気象、海象の影響の大きさは陸上の比ではない。そのため、乗り手自身の手で最適航路を選択できることは、航海の成功を支える重

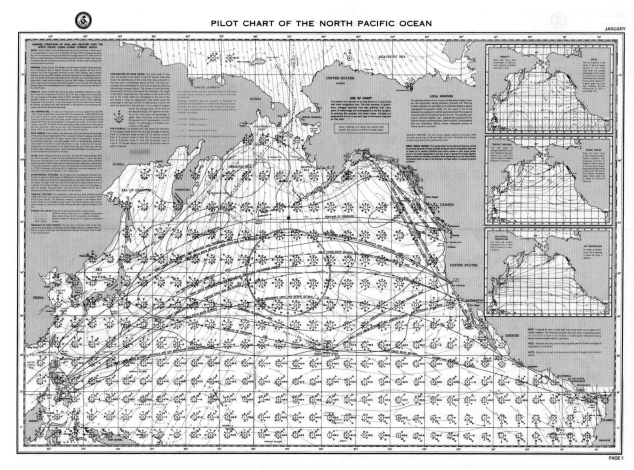

北太平洋のパイロットチャート。印刷物として出版されているが、米国NGA（National Geospatial-Intelligence Agency）のウェブサイトから無料でダウンロードすることもできる

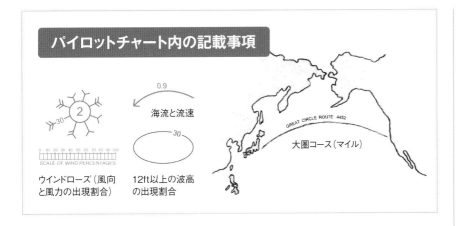

要な技術となる。

ここでは、まず日本からアメリカ大陸西岸を目指す長距離航海を例に取り上げ、最適なセーリングルートを選択するための方法を解説する。

北太平洋の
セーリングルートを調べる

恒常風とは、風が一年中ほぼ同じ方向に吹いている風域のことである。北大西洋の恒常風である偏西風帯や貿易風帯がコロンブスによって発見されたことで、スペインと中南米を往復するガレオン船による貿易航海が可能となった。恒常風の存在は秘匿され、当初はスペインだけがその恩恵を独占し、スペインの黄金時代が築かれたのである。

一年中風向がほぼ変わらない偏西風帯や貿易風帯に対し、夏と冬とで風向きが変わる恒常風を、モンスーン（季節風）という。モンスーンを利用する貿易航海は紀元前にさかのぼるが、その利用方法は次項で解説する。

大西洋と同じく、太平洋にも偏西風帯と貿易風帯が存在する。北太平洋の貿易風帯では北東風が卓越する。風のベルト地帯がどの海域に存在するのかを、詳しく調べる資料がパイロットチャートである。パイロットチャートは、南北大西洋、南北太平洋とインド洋の5海域に区分され、1年を12カ月に分けて刊行されている。

パイロットチャートの
利用方法

パイロットチャートは、航海に必要な風、

海流、波高、偏差、大圏コース、台風、視界などの情報が記載された海域図である。情報の多くは記号で示されているので、その意味を順番に解説する。

①ウインドローズ

ウインドローズは、緯度経度5度ごとに配置されている円形の周囲に矢羽根を付けた記号で、風の情報を表す大切な記号である。矢羽根は、風向と風力の出現割合を示している。記号の使用色は青色である。羽根の数は風力（ビューフォート風力階級）を表し、矢の方向が風向を示す。出現割合（百分率）は矢の長さで表示され、29%以上のときは数字で記載される。出現割合は、下部にスケールで示されている。中心円の中の数字は、無風の割合を示している。恒常風帯を判別し、セーリングルートを設定するためには最も大切な情報となる。

②海流

海流は、緑色の実線または破線の矢印で、海流のおよその流向を表している。矢印の中央上部に記載された数字は、およその流速を示している。流速の単位はktで表す。ただし沿岸域では流向流速ともに、潮流の影響を受けるので注意が必要である。

③波高

12ft以上の波高が出現する割合ごとに、赤色の実線で示されている。実線の途中には、出現のパーセンテージが数字で書かれている。またパイロットチャートの海域ごとに、およその特徴が赤色のテキストで記されている。

④偏差

磁気偏差は、その地点における真方位と磁針方位との差である。上図では、同一偏差を灰色の実線で結んで表している。

大洋をまたぐ航海コースを設定したときには、コースを真方位から磁針方位へ換算する際に必要となる。偏差は変化していくので、記載年と使用年との年差を表した図が右側に掲載されている。

⑤大圏コース

大洋をまたぐ代表港間の最短ルートが、黒色の実線で示されている。航程は数字で記載され、単位はマイル（M）である。航海計画の策定に、ルートと航程を利用する。大型船の航路としても利用されている。

⑥暴風台風

当月における風力8以上の荒天が発生する海域を特定し、緯度経度で解説している。台風については、遭遇しやすい海域と発生する月について解説している。別枠の図には、暴風の移動経路が赤色矢印線で表示されている。また荒天の発生頻度は、別枠の中に5度ごとに赤色の数字で記載されている。

⑦気温

当月における海域、緯度による平均気温を記載し、別枠では地表気温と表面海水温をグラフによって表示している。単位は℃である。

⑧気圧

当月における気団の配置と気圧が解説され、別枠では青色線によって、2.5hPaごとの等圧線が記載されている。

⑨視界

視程が2マイル以下となる代表的な海域を解説し、同一出現割合となる地点を青色の実線で結び、出現する割合を数字で表示している。

⑩流氷限界

当月における1/8以上の海氷が集まる範囲の、最小と平均および最大の広がりを、赤色の特殊線でそれぞれ表記している。また氷山の出現範囲についても、赤色鎖線で図中に記載されている。高緯度海域を航海する際には重要な指標となる。

パイロットチャートから
恒常風帯を見つける

パイロットチャートを入手したら、まず季節ごとに分けて、上記の項目に沿って海象の分析を開始する。12〜2月の3枚が冬季であり、3〜5月が春季、6〜8月が夏季、

9〜11月が秋季となる。ここでは、日本の太平洋岸から米国西岸を目指す往航の恒常風である、偏西風帯を求めることが重要な作業となる。その作業手順は以下である。

①各季節の中心月となるパイロットチャートを取り出す。
②風向が、西を中心として北西と南西を含む同一傾向を示すウインドローズを探す。
③同一傾向の風向が、50％以上となるウインドローズの外側を鉛筆で丸に囲む。
④丸に囲んだウインドローズを、緯度に沿って上下2〜5カ所ごとに、さらに長円形に囲む。（上図）
⑤日本近海から、米国西岸近海まで同じ作業を行う。
⑥風向の同一傾向が判明しない海域は、そのまま放置しておく。
⑦長円形に囲んだ上下の頂点を、それぞれ西側から結んでいく。
⑧結ばれた線の間が、偏西風帯であると考えておく。（上図）
⑨季節ごとのパイロットチャートで、同じ作業を行う。
⑩偏西風帯の中で、最大の平均風力を示すウインドローズの矢羽根を、丸で囲んでおく。

以上の作業から、偏西風帯における季節ごとの結論が導かれる。

①冬季は偏西風帯の幅が北緯35度から50度までと広がり、平均風力は6となる。

②春季は偏西風帯の幅が北緯40度から55度までと縮小をはじめ、平均風力は5となる。
③夏季は偏西風帯の幅が北緯40度から50度までと最も縮小し、平均風力は4となる。
④秋季は偏西風帯の幅が北緯40度から55度までと広がり、平均風力は5となる。

最適な出航時期とルートを選定する

パイロットチャートの分析から、太平洋横断の往航ルートについては、偏西風帯を利用するおよそのルートが浮かんできた。目的港の緯度に合わせて、偏西風帯の中でルートを決定すればよい。

つぎに、出航時期を検討する。日本付近の海域で最も危険な海象は、航海中の台風との遭遇である。ヨットの4倍以上となる台風の速力には勝てない。そこで台風時期といわれる7月から10月の間は、出航を避けるのが妥当である。また冬季はパイロットチャートが示すように、偏西風帯には風力6以上の風が吹き荒れ、12ft以上の波高出現割合は30％以上となる。平均気温は4〜8℃となるので、とても快適とはいえない。大型艇以外は、航海を避けたい季節である。

3月から6月の間に出航すれば、偏西風帯に沿って北米西岸へ向かうルートは、小型艇にとっても比較的安全で、快適な航海となることが予想できる。

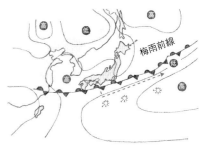

梅雨時期に南下して梅雨前線を突き抜けてから東に進路をとる「最大のチャンスコース」

しかし恒常風帯へ到達する以前には、日本近海の不定風域を800マイル以上は通らねばならない。日本南岸に沿って、低気圧が連続して通過する南岸低気圧型の季節である。6月の中旬から40日間は梅雨の季節でもある。小型艇やシングルハンド航海には、日本沿岸が難所といわれるゆえんでもある。

6月と7月のパイロットチャートには、本州沿岸から200マイル離れると、南西風が卓越していることが示されている。本州南岸上に梅雨前線が停滞しているとき、梅雨前線の北側は雨と北東風に支配される。しかし一歩梅雨前線を抜けると、その南側には青空と積雲、そして南西風が待っていることが読み取れる。

この状況を利用するために、出航後は日本沿岸に沿って北東へ進むことを避け、針路を南または南南東にとり、梅雨前線を突き抜けるのである。そして青空と南西風を確認すれば直ちにジャイビングして、東北東へ針路を変更する。風力4の快適な南西風を受けて、短時間で偏西風帯まで

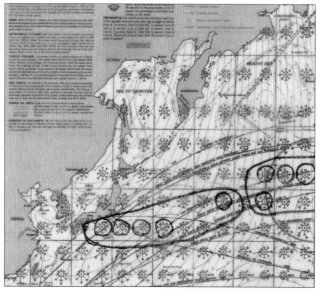

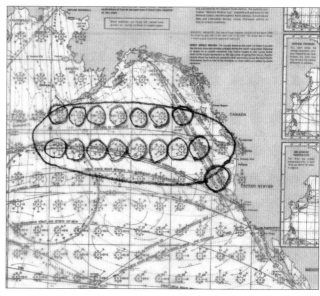

到達する最大のチャンスコースが、梅雨前線を利用することによって生じる。

1969年6月13日、21ftの〈信天翁二世（あほうどり）〉号で、私は梅雨入りした大阪を出港した。チャンスコースについては、パイロットチャートと文献で知っていたが、いきなり外洋へ向かう南へ針路をとることがどうしても決断できず、日本沿岸を離れることができなかった。その結果、前線の北側を10日間も走ることになり、野菜にはカビが生え、キャビンはじめじめと息苦しく、何度も大阪へ引き返そうと考えてしまった。チャンスをものにできない、未熟なスキッパーであった。

北米西岸からの
復航ルートと時期を検討

ヨットによる大洋横断の長距離航海を成功させる最も重要な要素は、帆走しやすい航海ルートを選定することである。偏西風帯や貿易風帯を、順風でセーリングする毎日は、晴天にも恵まれ快適である。向かい風となるルートをエンジンを使ってごり押しする航海に比べ、乗員のストレスは減少し、体力と判断力を長期間にわたって維持することができる。

不注意によるけがや判断ミス、体力の低下が招く病気など、長距離航海に待ち受けている危険要因は、航海中のストレスの影響を受けることが多い。従って目的地へ安全に到着するためには、乗員のストレスを軽減し、体調を維持することが鍵になる。恒常風帯を順風でセーリングする航海は、乗員だけではなく、艇にとっての負担も減少する。長距離航海の成功の秘訣（ひけつ）は、有利な航海ルートの選定にあると言っても過言ではない。

航海ルートの設定に加えて、ルート上の海流の流向と流速を調べ、航海速力に加味する。荒天に遭遇する確率も検討し、目的地への最適な到着時期から逆算して、出航予定を決定する。

太平洋横断の場合、北米西岸から日本への復航ルートでは、北東貿易風帯の中に位置するハワイへの寄港も可能である。ルート上の寄港地および変針点を設定すれば、航海計画書の作成にとりかかることができる。

＊

往航では偏西風帯を利用し、復航ルートは北東貿易風帯を通って日本へ向かうことが有利となる。米西岸からハワイ付近を経て、日本近海へは南方からアプローチするルートである。

復航ルート上で問題となるのは、日本近海に入ってからの風向と航行時期である。往航と同様に、台風との遭遇が考えられる秋季は避けたい。冬季のパイロットチャートを見ると、日本近海の北緯27度以北では北西風が卓越しているので、長距離航海の終盤に向かい風となるルートが待ち受けている。これは乗員にとっても、艇にとっても過酷な状況となるので避けたい。すると日本近海へアプローチしやすい時期は、4月から7月の間に限られてくる。その中で、ベストなタイミングをどのように判断すべきだろう。

日本付近の4月から6月の梅雨入り前までは、低気圧が西から東へ周期的に通過することが特徴である。日本海低気圧型の気圧配置となれば、強い南西風が日本海の低気圧に向かって吹く。春一番と呼ばれる名高い嵐である。南岸低気圧型では、日本列島の南岸を次々と低気圧が通過する。4月のパイロットチャートを見ると、日本近海では風向が定まっていないことが分かるが、その理由は周期的な低気圧の通過によるものである。30ft以上の大型艇、もしくは複数の乗組員がいる航海の場合は、艇のスピードとマンパワーにものをいわせて、低気圧の通過を利用して一気に帰港することも可能である。低気圧の南側は南西風となるので、通過後の1日から2日間の短いチャンスを利用できる。

7月のパイロットチャートを見ると、日本列島の南岸では南西風の出現率が高いことがわかる。7月の下旬には、本州で梅雨が明ける。梅雨明けと同時に風力4〜5の南西風が吹き始めるが、この風は「梅雨明け10日」といわれている。10日間ほどは南西風が吹き続く場合が多い。7〜18世紀、ペルシャから中国、日本をまたぐ交易が行われていたアジア大航海時代には、沖縄や中国で日本行きの風待ちをしていた交易帆船は、この「梅雨明け10日」の風に乗って、一斉に長崎などの日本の港を目指した。エンジンを持たないこの時代の帆船は、入港までの航海に万全を期

さねばならない。冒険航海ではないので、失敗は許されないのだ。

あなたの長距離航海がシングルハンド、もしくは小型艇の場合は、「梅雨明け10日」の南西風が航海終盤の最大のチャンスとなるだろう。順風に恵まれて、少なく見積もっても5ktで7日間走ることができれば、帰港前の840マイルを、快適に余裕をもってセーリングすることができる。

1971年、21ftの〈信天翁二世（あほうどり）〉で世界一周航海に出航したときの筆者は、梅雨前線の南側へ出るという決断ができない未熟なスキッパーであった。しかし母港を目指してシドニーを出港するまでには、すでに3年の経験を積んでいた。最終レグでは、「梅雨明け10日」の南西風を利用して、到着予定日通りに大阪湾内部の石津港へ帰ってきた。帰港したのは1974年7月28日であった。

パイロットチャートから
復航ルートを選定する

出航時期と到着時期のパイロットチャートから、ウインドローズを見て北東貿易風帯を探す。米国西岸から日本を目指す復航の恒常風である、北東貿易風帯を利用するルートを求めることが重要な作業となる。前項で解説した往航と同様の手順で、パイロットチャート上に作図する。

①4月または7月の北太平洋パイロットチャートを取り出す。
②風向が、北東を中心として北と東を含む同一傾向を示すウインドローズを探す。
③同一傾向の風向が、50％以上となるウインドローズの外側を鉛筆で丸に囲む。
④丸に囲んだウインドローズを、緯度に沿って上下2〜5カ所ごとに、さらに長円形に囲む。
⑤米国西岸近海から、日本近海まで同じ作業を行う。
⑥風向の同一傾向が判明しない海域は、そのまま放置しておく。
⑦長円形に囲んだ上下の頂点を、それぞれ東側から鉛筆でつないでいく。
⑧結ばれた線の間が、北東貿易風帯であると考えておく。
⑨3月または6月のパイロットチャートで、

同じ作業を行う。

⑩北東貿易風帯の中で、最大の平均風力を示すウインドローズの矢羽根を丸で囲んでおく。

　以上の作業から、北東貿易風帯における復航ルート上の特徴が導かれる。

①3月から7月の北東貿易風帯の幅は、北緯7度から25度までの間で卓越し、ルート上の85%は順風となり、平均風力は4となる。
②出港後の北米沿岸では、北緯30度から46度の間では北風が優勢となる。
③終盤のルートでは、東経140度を越えると、風向が南東、南、南西へと変化する。
④海流はほぼルートに沿って、0.5〜0.8ktの流速で後方から流れる。
⑤ルート上の荒天出現率は10%以下である。

最適なセーリングルートを選定する

　パイロットチャートの分析から、太平洋横断の復航ルートについては、貿易風帯

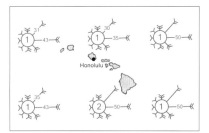

ハワイ周辺のパイロットチャートの拡大図。それぞれのウインドローズの矢羽根は風力と風向の出現割合（矢羽根の数字）を示している

を利用するルートを見つけることができる。ルート上の風の特徴を利用する、6レグにまとめた航海計画を作成する。

　ここでは仮にサンフランシスコを出港して、大阪湾へ帰港するルートを設定する。
・・・・・・・・・・・・・・・・・・・・・・・・・・
第1レグ：サンフランシスコ〜30°N／125°W　航程480M
北東貿易風帯へ早く入るために、北風または北西風を受けて、南方へコースをとる。
第2レグ：30°N／125°W〜サウスポイントから180° 10M　航程1,802M
北東風を追い風にして、ハワイ島のサウスポイントから180度10マイルを目指す。
第3レグ：ハワイ島サウスポイント180° 10M〜ウェーク島南端から180° 20M 航程2,138M
北緯19度線に沿ってセーリングを続け、ウェーク島の南端から180度20マイルを目指す。
第4レグ：ウェーク島南端から180° 20M〜アグリハン島北端から000° 15M 航程1,192M
北マリアナ諸島のアグリハン島北端から0度15マイルを目指す。
第5レグ：アグリハン島北端から000° 15M〜25°N／135°E　航程693M
東から南東風への変化を受けて、北緯25度、東経135度を目指して変針する。
第6レグ：25°N／135°E〜大阪湾 航程553M
南から南西風への変化を受けて、紀伊水道へ向かって北へ変針する。
・・・・・・・・・・・・・・・・・・・・・・・・・・
　以上が復航ルートの一例である。しかし

パイロットチャートが示すように、ハワイ諸島の北側を目指すルートを設定することもできる。その場合は、航程を200から500マイルほど短縮することが可能である。

出航時期を定める

　次に、出航時期を検討する。日本付近の海域で最も危険な海象である台風との遭遇を避けるには、7月中には帰港したい。また近畿地方における梅雨明けの平年値は7月21日ごろであるから、梅雨明け10日の風を利用するために、7月25日を帰港日と仮定する。

　そこで次の作業としては、航海計画書で自艇のクルージングスピードと、レグごとの航程から航海日数を割り出し、出港予定日を逆算して決定する。レグごとに分けることによって、変針点への到着予定日（ETA）が決まるので、予定からの相違が算出しやすくなる。航海中には相違した日数を加味して、以降のETAを修正することができる。

長距離航海時におけるクルージングスピードの目安

艇のタイプ	ビームリーチ	ブロードリーチ	ランニング
24ft 快速艇	4kt	4.5kt	4kt
24ft 鈍重艇	3kt	4kt	3.5kt
30ft 快速艇	5kt	5.5kt	5kt
30ft 鈍重艇	4kt	5kt	4kt

　自艇で航海を実行するなら、風位による快適なクルージングスピードは、練習中に

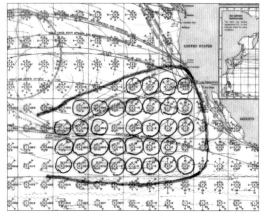
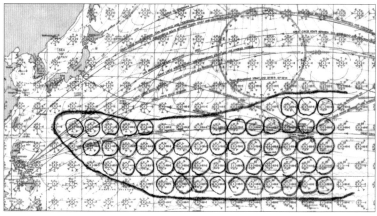

パイロットチャートを使って、北〜東の風が卓越する貿易風帯を把握する。パイロットチャートは、米国NGA（National Geospatial-Intelligence Agency）のウェブサイトから無料でダウンロードできる

すでに把握しているだろう。この表にとらわれることなく、自艇のスピードを当てはめればよい。ここでは24ftの快速艇を例にして、復航ルートを検討する。レグごとの航海日数は、以下の計算式で求める。日数の端数は、繰り上げて計算する。

所要日数＝航程÷（クルージングスピード＋海流の流速）÷24時間

••••••••••••••••••••••

第1レグ：航程480M÷（4kt+0.5kt）÷24＝5日

第2レグ：航程1802M÷（4.5kt+0.5kt）÷24＝15日

第3レグ：航程2138M÷（4.5kt+0.5kt）÷24＝18日

第4レグ：航程1192M÷（4.5kt+0.6kt）÷24＝10日

第5レグ：航程693M÷（4.5kt+0.6kt）÷24＝6日

第6レグ：航程553M÷（4kt+0.4kt）÷24＝6日

全航程＝6,858M
全航海日数＝60日

••••••••••••••••••••••

　以上の計算から、7月25日に大阪湾へ帰港するには、5月28日にサンフランシスコを出港すればよいことがわかる。ハワイへ寄港する場合は、その滞在日数を加えればよい。

　日本から北米までの太平洋横断を例に取り上げ、そのルート選定から航海計画書の作成までを2号にわたって解説してきた。太平洋横断を試みたヨット乗りは、先人の航海記などを参照して、大まかな航海計画をもとに出航した例が多い。かつての私もその一人であったが、パイロットチャートからルートを検討することで、航海中に待ち受ける海象も予測が可能となり、航海の安全と日数の短縮に役立てることができる。

　人生は3万日ほどである。その1％の時間を、夢に描いた自分だけの航海に費やすことは、一度限りの人生を全うする上で、大きな意味を持つのではないだろうか。

長距離航海計画書　OPM Sailing plan

船名 Boat name ___Zen 24___　　スキッパー Skipper/IS ___青木 洋___

出発港 Departure ___サンフランシスコ___　　目的港 Destination ___大阪湾___

出港予定日 ETD ___2021 / 5/28___　　入港予定日 ETA ___2021 / 7/28___

変針点 Way points 名称 Names	位置 Positions		航程 Log 速力 CS/日数 Days		予定到着日 ETA 実到着日 ATA	コースT SC
出発港Departure サンフランシスコ	37°56' ⓃS 123°04' Eⓦ		＊＊＊ ＊＊＊		予E 5/28 実A /	＊＊＊ ＊＊＊
第1変針点P1 メキシコ西方	30°00' ⓃS 125°00' Eⓦ		480 M 4.5 Kt 5 D		予E 6/2 実A /	194°
第2変針点P2 ハワイ島 サウスポイント S10M	18°50' ⓃS 155°43' Eⓦ		1802 M 5 Kt 15 D		予E 6/17 実A /	246°
第3変針点P3 ウェーク島 南端 S 20M	19°00' ⓃS 166°40' Eⓦ		2138 M 5 Kt 18 D		予E 7/6 実A /	270°
第4変針点P4 アグリハン島 北端 N 15M	19°00' ⓃS 145°39' Eⓦ		1192 M 5.1 Kt 10 D		予E 7/16 実A /	270°
第5変針点P5 四国南方	25°00' ⓃS 135°00' Eⓦ		693 M 5.1 Kt 6 D		予E 7/22 実A /	300°
第6変針点P6	°' NS ' EW		M		予E 実A	
第7変針点P7	°' NS ' EW		M Kt D		予E 実A	
第8変針点P8	°' NS ' EW		M			
目的港Destination 友ヶ島水道	34°17' ⓃS 134°58' Eⓦ		553 M 4.4 Kt 6 D		ETA 7/28 ATA /	000°

全航程Total logs	6858	M
予定航海日数EDS	60	Days
実航海日数ADS		Days

避難港 Emergency harbors
1. ___オアフ島 ホノルル___　　2. ___サイパン島 タナパグ ハーバー___　　3. ___沖縄 糸満港___

貿易風帯を利用した、太平洋横断の航海計画の例。サンフランシスコ～大阪の航程を6レグにわけて考えた

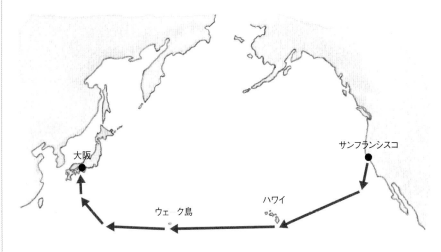

貿易風や日本近海の風を検討した結果、図のようなルートがベターであるとわかった

現代の長距離単独航海が持つ意味と広がり

ヨットによる長距離航海の実行は、その個人だけではなく、社会的にもインパクトを与える場合が多い。冒険的なヨットの航海は、ニュースとして大きく取り上げられる。

冒険性を持つ長距離航海は、発想、計画、実施、結果のそれぞれの過程において、未知の問題に直面し、その解決が求められる。シングルハンド航海の場合は、これらの過程に生じる問題の多くを、自分自身で解決しなければならない。航海が始まれば、艇や艤装のトラブル、体調の悪化などが待ち受けているだろう。未知の問題に対して、自分で対処することを迫られる。外洋を単独で航海することは、現代人にとっては、生命の危険性さえはらむ大きなチャレンジである。その勇気が、ニュースとして社会的な価値を生むのである。

白石康次郎氏のチャレンジは、ヨット界の大きな話題となっている。2020年11月に開催される、単独無寄港無補給の世界一周ヨットレース「ヴァンデ・グローブ」に挑戦するからだ。ビスケー湾に面したフランスのレ・サーブルドロンヌをスタート／フィニッシュ地点とするヴァンデ・グローブは、世界一過酷なレースとして知られる。レース艇は出航後、難所として名高い喜望峰、ハード島、ルーイン岬、ホーン岬を回るルートをとる（図1）。帆船時代から恐れられた南半球の吠える40度線、悲鳴の50度線として知られるルートを巡るレース海域が、その過酷さを物語る。

白石康次郎氏のチャレンジを、メインスポンサーとして引き受けたのが、切削型工作機械の総合メーカー DMG森精機である。同社取締役社長の森 雅彦氏は、記者発表の場で次のように述べた。

「我々が白石康次郎氏のチャレンジを応援するのは、世界を一つに、皆の共通のスポーツとして、グローバルワンで楽しもうというコンセプトからである。世界中に散らばる社員とダイバーシティーの考えのもと、社員の心を一つにして、世界中のお客さまにメッセージを送るには大変よい機会になるので、皆で盛り上がっていこうと思っている」

DMG森精機の歩みは、常に変革と挑戦であるという。変革と挑戦に危険はつきものである。人生は3万日ほどの長さである。個人も企業も安全ばかりを選んではいられない。白石康次郎氏の挑戦艇〈DMG MORI Global One〉の活躍を期待したい。

ヴァンデ・グローブのルートは、下の図で分かるように、南北両半球の海域ごとに存在する恒常風帯を利用する。貿易風帯と偏西風帯の中でルートを選択し、自艇にとって最適な風位と風力を、いかに得るかが勝利の分かれ道となろう。

大航海時代に確立された世界の帆船航海ルート

世界の海域に恒常風帯があり、そのベルト海域をセーリングすれば、往復航海も世界周航も可能であることがわかったのは、15世紀に入ってからである。コロンブスに続いて、ヴァスコ・ダ・ガマによる喜望峰回りのインド航路の開拓や、マゼランによる世界一周の航海によって恒常風の存在が確認されたのである。大航海時代は、恒常風帯の発見によって始まったと言えるであろう（図2）。

その後、英国が派遣したキャプテン・クックの3次にわたる世界航海によって、恒常風帯の吹く正確な海域が判明した。アラスカ、ハワイ、ニュージーランド、オーストラリアなどを測量して、海図の精度を向上させた。こうしてポルトガル、スペイン、オランダと入れ替わって世界の海上覇権を握った英国は、交易による富を独占することとなる。

しかし、そのはるか以前から、ユーラシア南岸のアラブ人は、冬季と夏季に風向が入れ替わるモンスーン（季節風）を利用して、アフリカ東岸から東アジアまでの広大な海域を航海していたことを忘れてはならない。アラブ人に始まるアジアの交易航海の歴史は、紀元前8世紀以前にさかのぼることが判明している。ヨーロッパ人が、遅れていたアジアに文明をもたらしたと世界史で教えられたが、それは誤りであることが解明されてきた。小型帆船としてのヨットも、オランダが発祥の地とは言えない。「アブラ」と呼ばれる小型セールボートが、今もセーリングする姿がアラブ海域では残っている。

モンスーン海域の航海時期を選定する

ここでは例として、大阪湾から出航し、スリランカのガレを目的地とする長距離航海を取り上げる（図3）。

航海計画を立案して、最適な出航時期と到着時期を調べるには、北太平洋とインド洋のパイロットチャートが必要になる。

北太平洋のパイロットチャートに図示されたウインドローズを見ると、日本沿岸から東シナ海の海域では、6月から8月の3カ月間は、南風が卓越することが読み取れる（図4）。また10月から12月にかけて、北東風が卓越することがわかる。

インド洋のパイロットチャートからは、南シナ海、アンダマン海、ベンガル湾の海域を調べることができる。すると下表のように、モンスーンの交代時期と風向の月別傾向が判明する。

出航／到着時期とルートを検討する

パイロットチャートの月別風向の傾向からは、大阪湾からの出航時期は10月以降、スリランカへの到着時期は3月までが好ま

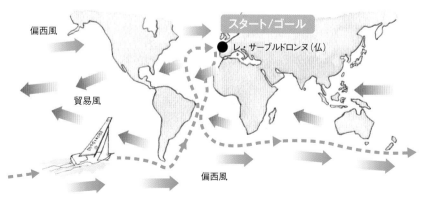

図1：単独無寄港世界一周レース「ヴァンデ・グローブ」のルートに、恒常風帯を重ねたもの

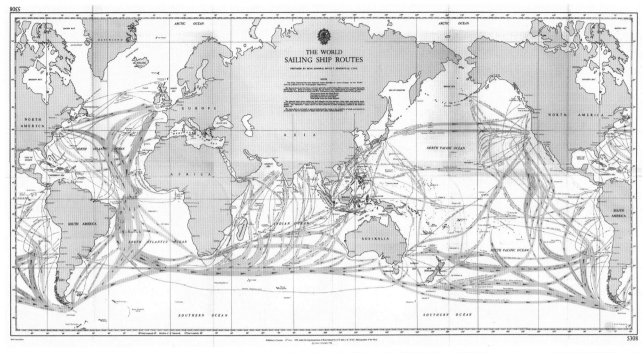

図2：この「THE WORLD SAILING SHIP ROUTES（世界帆船ルート図）」は、英国海軍が発行した「大洋航路誌」の付属資料の一つである。大航海時代の遺産といえるだろう。世界の主要な港間のセーリングルートを季節ごとに図示しているので、ヨットの長距離航海には最適な資料と言ってよい。これは筆者が1974年に入手したものだが、現在も発行されているのかは不明である

しいことが判明した。しかし10月の日本近海はまだ台風時期であるから、出航は11月になってからが望ましい。

また到着時期はモンスーンの北東風が安定している2月中が、利用時期としては安全である。したがって11月から2月までが、この大阪湾からスリランカへの長距離航海の航海期間として適切であると考えられる。

また東シナ海および南シナ海では、北東風の風力は4〜5となっているが、アンダマン海とベンガル湾では、風力3〜4と弱くなることを航海計画に加味しなければならない。

モンスーン海域における風向の月別傾向

	東シナ海	南シナ海	アンダマン海	ベンガル湾
1月	N	NE	NE	NE
2月	N	NE	NE	NE
3月	NE	NE	NE	NE
4月	不定	NE	不定	不定
5月	不定	不定	SW	SW
6月	S	SW	SW	SW
7月	S	SW	SW	SW
8月	S	SW	SW	SW
9月	不定	不定	SW	不定
10月	NE	NE	不定	不定
11月	NE	NE	NE	NE
12月	NE	NE	NE	NE

・・・・・・・・・・・・・・・・・・・・・・・・

第1レグ：大阪湾〜糸満（沖縄）航程588M

北西風が吹き続く場合は、屋久島へ到達するまでは四国沖ルートではなく、瀬戸内海ルートを選ぶ。屋久島からは北風または北東風が期待できるので、吐噶喇（とから）列島東側海域から奄美大島西側海域を通り、沖縄へ向かう。糸満港沖の灯浮標を確認して入港する。

第2レグ：糸満〜スービック（フィリピン）航程798M

北東の順風を受けて、台湾とフィリピンの間にあるバシー海峡を目指す。3〜5ktで北上する黒潮を避けるため、台湾沿岸には近づかないようにする。ルソン島北端10Mを通過後は、マニラ北側のスービック湾口を目指して変針する。スービック湾奥にはヨットクラブがある。

第3レグ：スービック〜チャンギ（シンガポール）航程1,246M

マニラからは、直接シンガポール東端のチャンギを目指す。フィリピン西海域に広がる南沙諸島一帯は未調査の島々が散在し、また政治的な紛争海域でもあるから、南沙諸島東方のフィリピン側海域への迂回（うかい）ルートを取る。チャンギ空港東へ到達後は、チャンギ・セーリングクラブへ入港する。

第4レグ：チャンギ〜クア（マレーシア・ランカウイ島）航程394M

チャンギからはマラッカ海峡を通り、ランカウイ島のクアを目指す。マラッカ海峡は大型船が中央の航路を頻繁に通航するので、航路北側のマレーシア寄りを通航する。風向が定まらないときは、機帆走に切り替えて航行する。

第5レグ：クア〜ガレ（スリランカ）航程1,136M

クアからはインドネシア北端のバンダ・アチェ沖にあるサバン（ウェー島）の北

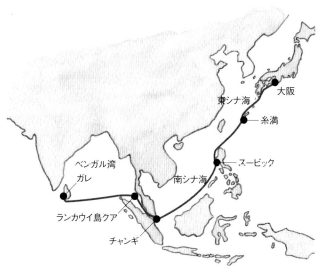

図3：日本の大阪からスリランカ・ガレへの航海ルート

図4：12月の東シナ海周辺のパイロットチャート概要　　図5：1月の南シナ海、ベンガル湾周辺のパイロットチャート概要

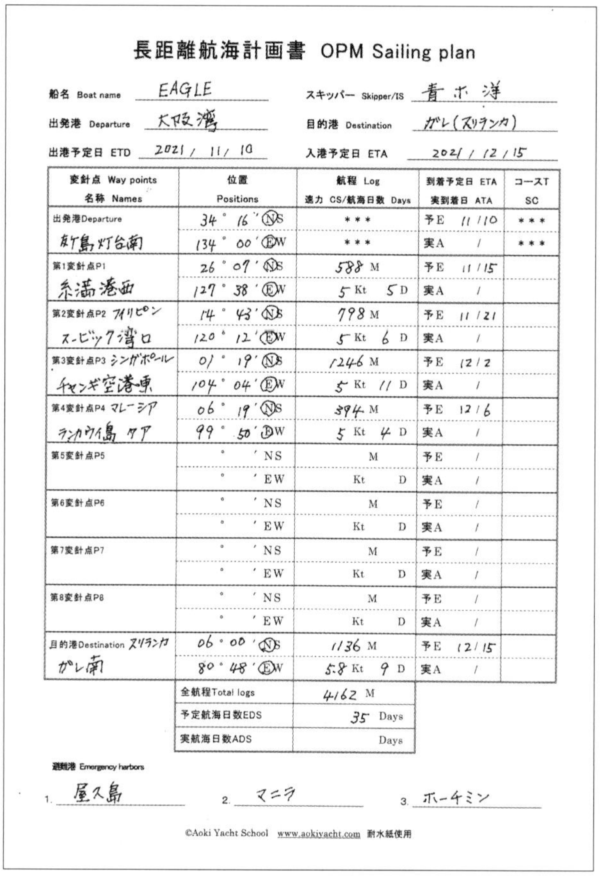

長距離航海計画書 OPM Sailing plan

船名 Boat name　EAGLE　　　　スキッパー Skipper/IS　青木 洋

出発港 Departure　大阪湾　　　　目的港 Destination　ガレ（スリランカ）

出港予定日 ETD　2021 / 11 / 10　　入港予定日 ETA　2021 / 12 / 15

変針点 Way points 名称 Names	位置 Positions		航程 Log 速力 CS/航海日数 Days	到着予定日 ETA 実到着日 ATA	コースT SC
出発港Departure	34°16′ NS	134°00′ EW	***	予E 11/10	***
鮒島灯台南			***	実A /	***
第1変針点P1	26°07′ NS	127°38′ EW	588 M	予E 11/15	
糸満港西			5 Kt 5 D	実A /	
第2変針点P2 フィリピン	14°43′ NS	120°12′ EW	798 M	予E 11/21	
スービック湾口			5 Kt 6 D	実A /	
第3変針点P3 シンガポール	01°19′ NS	104°04′ EW	1246 M	予E 12/2	
チャンギ空港東			5 Kt 11 D	実A /	
第4変針点P4 マレーシア	06°19′ NS	99°50′ EW	394 M	予E 12/6	
ランカウイ島 クア			5 Kt 4 D	実A /	
第5変針点P5	°′ NS	°′ EW	M	予E /	
			Kt D	実A /	
第6変針点P6	°′ NS	°′ EW	M	予E /	
			Kt D	実A /	
第7変針点P7	°′ NS	°′ EW	M	予E /	
			Kt D	実A /	
第8変針点P8	°′ NS	°′ EW	M	予E /	
			Kt D	実A /	
目的港Destination スリランカ	06°00′ NS	80°48′ EW	1136 M	予E 12/15	
ガレ南			5.8 Kt 9 D	実A /	

全航程Total logs	4162 M
予定航海日数EDS	35 Days
実航海日数ADS	Days

避難港 Emergency harbors

1. 屋久島　　　　2. マニラ　　　　3. ホーチミン

©Aoki Yacht School www.aokiyacht.com 耐水紙使用

図6：日本の台風シーズンを避け、11月10日を出航予定日とした航海計画書

10Mを通り、ベンガル湾を横断してスリランカ南端のガレの南3Mを目指す。

・・・・・・・・・・・・・・・・・・・・

　以上は往航ルートの一例であるが、パイロットチャートが示す北東モンスーンのベルト地帯を航海するルートは複数考えられるので、希望する寄港地に合わせて検討すればよい。復航ルートについては、モンスーンの南西風開始時期をもとに、同様にして出航時期と航海ルートを策定すればよい。

航海計画書を作成する

クルージングスピードの目安

艇の タイプ	ビーム リーチ	ブロード リーチ	ランニング
30ft 快速艇	5kt	5.5kt	5kt
30ft 鈍重艇	4kt	5kt	4kt
35ft 快速艇	5.5kt	6.5kt	5.5kt
35ft 鈍重艇	4.5kt	5.5kt	5kt

　自艇で航海を実行するなら、上の表にとらわれることなく、自艇のスピードを当てはめればよい。ここでは30ftの快速艇を例にして往航ルートを検討する。レグごとの航海日数は、以下の計算式で求める。日数の端数は、繰り上げて計算する。

・・・・・・・・・・・・・・・・・・・・

航程÷（クルージングスピード+海流の流速）÷24時間=所要日数

第1レグ：航程588M÷（5.5kt+0.5kt）÷24=5日

第2レグ：航程798M÷（5.5kt+0.5kt）÷24=6日

第3レグ：航程1,246M÷（5kt+0kt）÷24=11日

第4レグ：航程394M÷（5kt+0kt）÷24=4日

第5レグ：航程1,136M÷（5kt+0.8kt）÷24=9日

全航程=4,162M

全航海日数=35日

・・・・・・・・・・・・・・・・・・・・

　以上の計算から、2021年11月10日に大阪湾を出港してノンストップで航海すれば、目的港のガレへは12月15日が到着予定日となる。それぞれの寄港地で、休養や観光、補給などで7日間ずつの滞在期間を見込んでも、2022年1月12日に

はスリランカ南端の港ガレへ到着する。北東モンスーンを利用する期間としては、十分な余裕がある（図6）。

　今回は、モンスーンを利用する大阪湾からガレまでのルートを例として取り上げた。

　航海計画の基本資料となるパイロットチャートは、大航海時代の遺産である。しかしパイロットチャートが成立するはるか以前から、南北太平洋でもインド洋北部でも、小型帆船による航海が行われてきた。日本でも縄文時代には、恩馳島（おんばせ）から伊豆半島へ黒曜石を運搬する航海がすでに行われている。これら先人たちの勇気と努力に敬意を払わずにはいられない。

　ヨットによる長距離航海では、毎日が未知の一日との遭遇であり、毎日のように起こるトラブルを解決する新たな一日となる。頼るものは我が身一つしかない長距離航海は、自分を見つめるための絶好の機会となるだろう。航海の経験は、その後の人生を左右することにもなる。

　自分だけの長距離航海を夢に見て、計画を立て、可能となれば実行を試みてほしい。その過程は、新たな自分と出会うきっかけとなるであろう。

航海ルートは風のベルト海域を選択

「名も知らぬ遠き島より流れ寄る椰子の実一つ……」

島崎藤村は、伊良湖岬に流れ着いていた椰子の実の話を柳田國男から聞き、不朽の詩『椰子の実』を残した。

著名な民俗学者である柳田國男は、代表作である『海上の道』の著者として知られている。柳田は椰子の実の漂着を見て、海上には黒潮などの海流が、あたかも道のように流れていると想定したのであろう。

現代人が、海の上に道があるかのように考えるのは無理もない。高速船は、決まった道路を往復するバスのように、風向や流向とは関係なく一定の航路を往復する。地図上に描かれた航路が、道路であるかのように受け取る。それは日本近海の海流図を見て、『海上の道』を想定した柳田と同じであろう。

しかし、長距離航海へ出かける航海者にとっては海流ではなく、恒常風帯の存在が、航海の目標達成にとって、はるかに重要な要素となる。なぜなら海上の道と例えられた海流は、海上では道とはならないからである。航海中の航海者は、海流の流路や流向、流速を目にすることはできない。

航海者は目に見えないものを当てにするのではなく、セールや吹き流しによって目に見える風向、肌で感じる風力である風をよりどころとする。外洋では海流の流速は1kt未満である。しかし恒常風帯の風を利用すれば、小型ヨットであっても、3〜6ktでセーリングすることが可能である。長距離航海によって船を目的地へ到達させるには、よりどころとなる恒常風帯を知ることが欠かせない。

偏西風帯と貿易風帯、そしてモンスーンと呼ばれる風のベルト海域が、どの海域に存在するのかは、パイロットチャートで知ることができる。それは、すでに解説した通りである。

外洋航海のナビゲーションを選択する

ヨットは小型であっても、大洋を渡る何カ月もの間、自力で航海することができる乗り物だ。それが可能となるのは、最も原始的な動力である無限の風を利用して航海するからである。燃料を消費し、スイッチで操作する近代の乗り物と異なり、セールをロープで操り、風を推進力へ変換する技は、古典的でロマンチックである。ガソリンや電気を動力として使う乗り物に比べ、ヨットの優雅さは、その原始的な技術にあるのではないだろうか。

せっかく原始的な小船で外洋を航海するならば、ナビゲーションにも天文航法を使えば、航海がさらに面白くなる。しかし天文航法は習得までに何年もかかり、高度な数学的知識と経験が必要だといわれてきた。

今では、スイッチを入れれば直ちに現在位置が判明するGPSが、ずっと手軽で便利である。天文航法はもう古い、必要ないといわれて、六分儀は古道具の仲間入りをしてしまった。

私も瀬戸内海や沿岸航海では、GPSを使用する。仕事で航海するときも、GPSは手放せない。GPSは故障することもあるので、バックアップ用としてハンディーGPSを予備に積んでいる。

しかし、それでも天文航法を勧めたい二つの理由がある。

一つは、宇宙の中の一つの星地球上で、自分の位置を他の星の位置から割り出す面白さだ。三日月は西の空に出て、満月は東の空に出る。ビーナス（金星）は太陽の近くで輝き、宵の明星、明けの明星と呼ばれる。その理由を知れば、夜間航海のときには、星や月がコースを保つための目当てとなり、コンパスとにらめっこをする必要が少なくなる。

二つ目は、古の航海者のナビゲーション技術を、追体験することができるからである。長距離航海の歴史は、縄文時代以

三日月は西の空に出て、満月は東の空に出る。星の位置から地球上での自分の位置を割り出す「天文航法」は、太古の航海者と現代のヨット乗りをつなぐナビゲーション技術だ

前に遡ることが明らかとなってきた。9000年以上も昔の話である。古の航海者は、天文航法の1種であるスターナビゲーションによって外洋航海を行っていた。18世紀になってヨーロッパで確立された天文航法は、往古の技術を受け継いで完成されたものである。

わかりやすい 米国海軍式の天文航法

天文航法は難しいと思われがちである。しかし米国海軍式の天測計算法は、計算フォームを使うのですばやく答えを得ることができる。航空機や艦船で、50年前には実際に使用されていた計算法だ。米村表を使う日本式と比較すると、ずいぶん理解しやすい。

ASA（アメリカセーリング協会）のインストラクターである、ポール・ミラー船長から教えてもらった米国海軍式の天測法は、6日間のコースであった。計算フォームの記入法と、天測暦および天測計算表の使い方を練習問題に沿って進めていく。2日目からは六分儀による天測実習と、計算フォームにのっとった天測計算を演習する。その計算結果をUPS（位置作図用紙）上へ作図すれば、現在位置を求めることができる。

1日に2回、正午前と夕方になると、ロサンゼルス近郊のベニスビーチへ行き天測を実習する。薄暗がりの中で六分儀を持ち、星を観測しているわれわれ二人を見て、犬を散歩している男性が質問してきた。

「その機械で何を測っているのですか」

「星を観測しているんだ。宇宙船が着陸しやすいように、導いているのだよ」

その途端、ギョッとした男性は足早に立ち去った。ポールは、アナポリス海軍兵学校をトップ10で卒業した秀才であるが、ジョークにも秀でている。

天測する予定の天体は、あらかじめス

天文航法で使用する六分儀

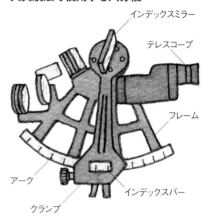

インデックスミラー
テレスコープ
フレーム
インデックスバー
アーク
クランプ

---

①LAN航法

LAN（Local Apparent Noon）航法は、正午を挟んだ太陽の高度を数回天測して、一度に正午位置となる緯度と経度を算出できる便利な天測法である。天測計算表は使用する必要がない。天測暦を引いて、計算フォームへ記入するだけで計算が済むので実用的だ。

太陽が最大高度となるのは、正中時である。正中時とは、現在位置で太陽が、真北または真南に見えるときと同一時刻である。最大高度を天測すれば、正午位置の緯度

が得られる。

正中時に向かって高度を上げる太陽を六分儀で追いながら、最大高度となる前に2回以上天測して、高度と時刻をT1～T2として記録する。つぎに最大高度を測るが、その後も天測を続行し、正中時が過ぎてT1～T2と同一高度となった時刻を記録する（T3、T4）。正中時前後のT1～T4の時刻を二分すれば経度が判明する。太陽が雲で覆われることも考えて、正中時となる前に、2～3回の高度を観測しておく。

LAN航法で使用する放物線グラフ

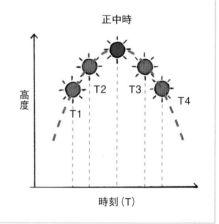

正中時

高度

T1　T2　T3　T4

時刻（T）

---

②北極星緯度法

北極星は北半球の航海者にとって、古くから伝わる航海の目当てである。なぜなら北極星は、ほぼ真北に輝いているので、船が目指す方位を知るには便利だからである。東へ向かっているなら、左舷のアビームに北極星が見えていることになる。

方位を知るだけではなく、北極星の高度を天測すれば、現在位置の緯度が判明する。北極星が真北にあれば、観測した高度は緯度と同一となる。しかし地軸とは、1度以下のずれがあるため、高度は地球の自転に合わせて変化する。変化する改正値は天測暦に記載されているので、天測して得た観測

北極星緯度法の概念図

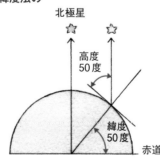

北極星

高度50度

緯度50度

赤道

高度に、改正値を加味すれば正確な緯度を得ることができる。

このように、北極星は航海者にとって、往古からの天測目標であった。北極星や太陽の高度を観測するための航海用天測機器

星の高度（角度）を計測するためのクロススタッフ（ヤコブの杖）。長い棒には目盛りがついていて、短い棒は自由にスライドさせられる

として、クロススタッフ（ヤコブの杖）が考案されたのは、紀元前5世紀だといわれている。クロススタッフは、その後2000年もの間使われてきた。

ターファインダー（星座盤）を使って、方位角（真北からの角度）と高度（水平線と天体との角度）を算出している。現場では、ベアリングコンパスで観測する方位を定め、算出した高度に合わせておいた六分儀をのぞくと、観測する天体がスコープ（望遠鏡）の視野に入っている。インデックスバーを動かしながら望遠鏡に映る天体を特定する作業が不要なので、観測は短時間で済む。

ヨットの外洋航海では、1日1回の正午位置を決定して航海日誌へ記録する。沿岸航海でない限り、1日1回で十分といえよう。そのために必要となる、3種類の天文航法について特徴を紹介する。

＊

天文航法を勉強することは、天体の中での自分の位置を確認することに他ならない。9000年以上も遡る、その技術を継承できるのである。

私が〈信天翁二世号〉で世界一周航海を行ったときには、まだGPSはなく、天文航法以外のナビゲーションは選択できなかった。しかし選択ができる今であっても、天文航法を使うだろう。こんなに面白く、興味深い技術は他にないからだ。

＊

ヨットの技術はナビゲーション、セーリング、マリンウェザー、メンテナンスの4要素から成り立っている。その向上を目指す努力が、自信を培い、困難に立ち向かう原動力となるだろう。ヨットを学ぶことは、一度きりの人生に限りない喜びを広げてくれる。

③LOP航法

緯度は北極星の高度、または太陽の正中時における最大高度を観測することで、知ることができる。しかし天測によって経度を得るためには、正確な時計が欠かせない。時刻で4秒の誤差が、経度で1分の差となる。経度1分は、赤道付近での距離にすると約1マイルである。

正確な時刻を得るための時計が、英国人のジョン・ハリソンによって完成されたのは1764年である。完成された時計の誤差は、5カ月間の航海で15秒であったという。英国がライバルのヨーロッパ諸国を出し抜いて、世界の覇権を握ることになったのは、ハリソンの時計が大きく寄与している。どの国よりも正確な位置を知ることができるようになった英国の艦船は、海戦の場でも貿易航海でも有利な戦いを行えるようになった。航

海用の六分儀が開発されたのも、同じく18世紀半ばであった。

LOP（Line Of Position）航法は、位置の線航法ともいう。正確な時刻があれば、任意の天体を観測することで、位置の線を得ることができる。同時に複数の天体を観測すれば、位置の線の交点が現在位置となる。天体を隔時観測した場合でも、ランニングフィックスで位置の線を移動すれば、現在位置を求めることができる。

外洋のただ中では、正確な現在位置を知る必要性は低い。しかし島や陸地に接近するときは、1日1回の正午位置を把握しているだけでは心もとない。LOP航法は、夕方と朝方の薄明時に複数の天体を同時に観測することで、正確な現在位置を知ることができる。

LOP航法（位置の線航法）の概念図

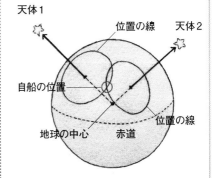

LOP航法の計算には、天測暦と天測計算表から拾い出した値を計算フォームへ書き出す。すると天体の方位角と、推定位置からの修正距離がわかるので、UPS上で作図して現在位置を求める。

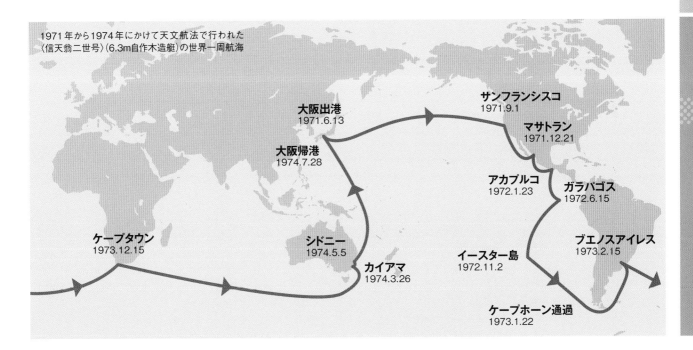

1971年から1974年にかけて天文航法で行われた〈信天翁二世号〉（6.3m自作木造艇）の世界一周航海

大阪出港 1971.6.13
大阪帰港 1974.7.28
サンフランシスコ 1971.9.1
マサトラン 1971.12.21
アカプルコ 1972.1.23
ガラパゴス 1972.6.15
イースター島 1972.11.2
ブエノスアイレス 1973.2.15
ケープホーン通過 1973.1.22
ケープタウン 1973.12.15
シドニー 1974.5.5
カイアマ 1974.3.26

参 照 文 献 リ ス ト

横山 晃 著『ヨットの設計』1980 年 舵社 刊
フランシス・チチェスター 著／沼澤洽治 訳『嵐と凪と太陽』1970 年 新潮社 刊
三野 正洋著『日本軍の小失敗の研究』光人社 刊
芳賀 繁 著『ミスをしない人間はいない』飛鳥新社 刊
Bob Diamondほか 著『Coastal Cruising Made Easy』American Sailing Association 刊
『SガイドDH803、DH802W、DH809W』日本水路協会 刊
沓名景義・坂戸 直輝 著『海図の読み方』舵社 刊
宮崎正勝 著『海図の世界史』新潮社 刊
『海図図式』日本水路協会 刊
『海図W108、W1220、W1221』日本水路協会 刊
『瀬戸内海・九州・南西諸島沿岸潮汐表』日本水路協会 刊
『第十管区海洋速報第29-24号』海上保安庁 発行
『第五管区海洋速報第46号』海上保安庁 発行
浅沼 修平「Yahoo!ブログ みーも航海日記」
「落水、漂流、そして12時間後の生還」舵誌2010年2月号記事 舵社 刊
『海洋速報第201号』海上保安庁 発行
気象庁ホームページ「過去の気象データ、過去の天気図」
ヤマハ発動機ホームページ「ヤマハ漁船シリーズ」
横山 晃「海で生き残る条件」舵誌1983年11月号、1984年1月号記事 舵社 刊
片岡佳哉 著『ブルーウォーター・ストーリー』舵社 刊
『小型船舶操縦士学科教本』日本船舶職員養成協会 刊
『The Sailing Dictionary』Sheridan House 刊
John Rousmaniere 著『The Annapolis Book of Seamanship』Simon & Schuster 刊
Erroll Bruce 著『This is Rough Weather Cruising』United Nautical Publishers 刊
「Trans-Sagami Yacht Race2014 落水事故の概要」Trans-Sagami 2014 実行委員会
「平成25年対馬沖回航落水事故報告および再発予防の考察」JSAF外洋玄海ほか
「AOBA 事故の状況とその後」沖縄〜東海ヨットレース実行委員会
「南波 誠氏落水事故の詳細」Kazi誌1997年7月号記事 舵社 刊
「MAIB investigation report 4-2012: Lion Annexes」2015年UK政府レポート
「On too long a lead: how your lifejacket harness could kill you」Yachting World誌2015年12月号記事
「2018年9月浦安沖人命救助レポート」青木ヨットスクール
「帆走中の落水者救助」防衛大学ヨット部マニュアル
『Sailing Made Easy』American Sailing Association刊
小野弘道ブログ「満天☆の海-2」
ヤンマーホームページ「ヨット用エンジンのメンテナンス」
中国塗料ホームページ「Seajet 033」
関西ペイントマリンホームページ「プラドールZ」
日本ペイントマリンホームページ「マリアート AF」
東京製綱繊維ロープホームページ 「ロープについて」
テザックホームページ「繊維ロープ」
杉浦昭典 著『図解 新・ロープの結び方』海文堂出版 刊
前島一義 著『図解 実用ロープワーク』成山堂書店 刊
横山 晃 設計『Zen24主要目計画表』
横山 晃 著『ヨット工作法』舵社 刊
和信ペイントホームページ 「外部用ウレタンニス」
『Ocean Passages for the World』Hydrographic Department of The Royal Navy 刊
製造現場ドットコム『製造現場ニュース』
家島彦一 著『海域から見た歴史』名古屋大学出版会 刊
羽田 正 著『新しい世界史へ』岩波新書 刊
堤 隆 著『黒曜石3万年の旅』NHKブックス 刊
キャプテン・クック 著『太平洋航海記』現代教養文庫 刊
塩田光喜 著『太平洋文明航海記』明石書店 刊
柳田國男 著『海上の道』岩波文庫 刊
長谷川 健二 著『天文航法』海文堂 刊
佐藤 新一 著『誰にもわかる漁船天測法』海文堂 刊
Capt. Paul J. Miller 著『Basic Celestial Navigation』American Sailing Association 刊
茂在寅男 著『航海術—海に挑む人間の歴史』中公新書 刊
青木 洋 著『インナーセーリング①』舵社 刊
青木 洋 著『インナーセーリング②』舵社 刊
『メンテナンスコース・テキスト』青木ヨットスクール
『天文航法コーステキスト』青木ヨットスクール
青木 洋 著『海とぼくの「信天翁」』ビービープランニング 刊

［著者］

青木 洋（あおき・よう）

1949年大阪生まれ。日本人で初めてホーン岬を越え、1971年から3年2カ月にわたって世界一周を達成。航海をともにした〈信天翁二世号〉は、わずか6.3mの自作木造艇で、今も大阪の万博公園に保存されている。現在は日本各地で体系的なスクールプログラムを開講する「青木ヨットスクール」の校長を務める。著書に『インナーセーリング』シリーズ、『海と僕の信天翁』がある。名古屋市立大学22世紀研究所・特任教授。

［イラスト］

平野 游（ひらの・ゆう）

1946年京都生まれ。幼少より絵を描くことと模型の船を作ることが好きだった。社会人になってヨットを覚え、ヨットや海のすばらしさを知る。以後、海や船をテーマに絵を描くようになり、作品がたまると個展で発表。古いディンギーをレストアして乗っている。

Inner Sailing Ⅳ

インナーセーリング④
外洋ヨットによる長距離航海の技術

2021年7月10日 第1版 第1刷 発行
著　者　青木 洋
発行者　植村浩志
発　行　株式会社 舵社
〒105-0013
東京都港区浜松町-1-2-17
ストークベル浜松町3F
電話：03-3434-5181
FAX：03-3434-2640

イラスト　平野 游
表紙写真　矢部洋一
デザイン　鈴木洋亮
編　集　中島 淳

印　刷　株式会社シナノパブリッシングプレス

定価は裏表紙に表示してあります。